DIEGO CARCEDO

La Revolución de los Claveles

Portugal, 25 de abril de 1974

ALMUZARA

EDITORIAL ALMUZARA • COLECCIÓN HISTORIA
Director editorial: Antonio Cuesta
Editora: Ángeles López
Corrección: Mónica Hernández
Maquetación: Joaquín Treviño

www.editorialalmuzara.com
pedidos@almuzaralibros.com - info@almuzaralibros.com

Editorial Almuzara
Parque Logístico de Córdoba. Ctra. Palma del Río, km 4
C/8, Nave L2, nº 3. 14005 - Córdoba

Imprime: Black Print
ISBN: 978-84-10521-93-3
Depósito legal: CO-462-2024
Hecho e impreso en España - *Made and printed in Spain*

*A todos los protagonistas del 25 de Abril que
fallecieron, en recuerdo de su aportación a la libertad
y la democracia en Portugal, así como en España.*

Índice

Prefacio

Con motivo de la cuidada edición de la obra de Diego Carcedo, *Fusiles y claveles. Portugal, 25 de abril de 1974*, es importante mencionar que también es fácil y gratificante hablar de la unidad y continuidad de la fuerte y buena personalidad del autor, así como de su obra profesional, de reconocida coherencia, mérito y éxito. También es crucial destacar los ideales humanistas que siempre han motivado y guiado tanto su comportamiento como el ejercicio de sus acciones, especialmente su desempeño profesional.

Con una sólida base histórica gracias a su formación académica (licenciado en Historia y Periodismo), está igualmente actualizado sobre los acontecimientos tanto nacionales como internacionales. Inició su carrera en el periodismo trabajando para el diario ovetense *La Nueva España* y posteriormente, desde 1974, formó parte del equipo destacado de los reporteros en TVE, donde contribuyó a la cobertura de diversos eventos informativos. Diego Carcedo destacó por su cosmopolitismo y sus ideales humanistas como miembro de la izquierda democrática, como demostró en su trabajo sobre el golpe de Estado y la represión militar en Chile, en 1973. En su labor como periodista demostraría, con metódico compromiso, responsabilidad y mérito (también ético), el propósito crítico de la emancipación de los pueblos a través de la ilustración de los hombres y de sus Sociedades Civiles.

En su extensa obra, ya sea como destacado periodista o como escritor de reconocido talento, Diego Carcedo siempre se ha preocupado por mostra «la fe en la vida y en la verdad, la fe en la libertad»[1] y la convicción de que el «único criterio para la realización de la

---

1   FROMM, Erich - *El miedo a la libertad*. Barcelona: Paidós, 2012. p.280

libertad es la participación activa del individuo en la determinación de su propia vida y la de la sociedad»[2], lo que incluye «su actividad cotidiana, su trabajo y sus relaciones con los demás»[3].

En 1978, el autor fue nombrado corresponsal de TVE en Lisboa, cargo que ocupó hasta 1984, cuando fue trasladado a Nueva York. Las crónicas y reportajes que escribió en aquella época fueron notablemente ejemplares. Destacan la oportunidad, la calidad e incluso la validez crítica de sus informes y crónicas sobre el establecimiento y la consolidación de la democracia en Portugal, que ofreció a los españoles desde la televisión pública. Este trabajo contribuyó en gran medida a la vuelta a la normalidad de las relaciones entre Portugal y España. Relaciones que, en los primeros tiempos de la transición democrática portuguesa, habían preocupado mucho a los españoles y a su poder político. Por ejemplo, el incendio de la embajada española en el que participaron algunos revolucionarios sudamericanos (profesionales de la hostilización en España); el golpe del 11 de marzo (atribuido al general Spínola) en el que el general y algunos de sus seguidores huyeron a España; y el MDLP (Movimiento de Liberación de Portugal), que hostigó al nuevo régimen portugués desde España, aunque sin el apoyo declarado de las autoridades españolas.

Carcedo trabajó duro para reunir información detallada sobre el pronunciamiento militar del 25 de abril y la deriva revolucionaria que le siguió, que contradecía en todos los sentidos la promesa militar de abril de entregar la soberanía política al pueblo portugués y de hacerlo con un apoyo real y definitivo, garantizado por un régimen constitucional-pluralista y un Estado de derecho democrático. Esta fue una promesa que el Movimiento de las Fuerzas Armadas cumplió. Y la cumplió hasta tal punto que el embajador de Estados Unidos en Portugal, Frank Carlucci, dijo, con cierta exageración, que la revolución portuguesa era única. Y lo era porque no impuso ningún tipo de régimen político al pueblo portugués, ya que, aunque reconocía su derecho natural a la soberanía, quería que el pueblo la ejerciera, libremente y con total responsabilidad.

---

2   FROMM, Erich - *El miedo a la libertad.* p.277
3   FROMM, Erich - *El miedo a la libertad.* p.277

Por último, diré que es un reconocimiento y un placer que, al igual que los españoles, los portugueses reconozcamos que las crónicas y reportajes de Diego Carcedo sobre Portugal para TVE le han dado el mayor no solo una enorme popularidad, sino el mayor de los prestigios.

General António Ramalho Eanes.
Presidente de Portugal entre 1976 y 1986.

Prólogo

Diego Carcedo, en el lugar y momento adecuado

El sermón a los peces [...].
Venid acá, peces, vosotros, los de la margen derecha, que estáis
en el río Douro, y vosotros, los de la margen izquierda, que
estáis en el río Duero, venid acá todos y decidme cuál es la
lengua en que habláis cuando ahí abajo cruzáis las acuáticas
aduanas, y si también ahí tenéis pasaportes y sellos para entrar y
salir [...] que tan pronto estáis en una orilla como en la otra, en
gran hermandad [...] una clara lección que de tierra en tierra
deberé prestar mucha atención a lo que es igual y a lo que es
diferente, aunque dejando a salvo, que humano es y entre vosotros
igualmente se practica, las preferencias y las simpatías de este
viajero, que no está ligado a obligaciones de amor universal [...].
José Saramago: *De Viagem a Portugal* (*Viaje a Portugal*, 1995).

Un destacado periodista asturiano, y para más señas de Cangas de Onís, que exhibe con orgullo su precedencia, en justa correspondencia ha conseguido ser profeta en su mismo pueblo: Hijo Predilecto. Sin duda el triunfo más íntimo y gratificante en lo personal.

Diego Carcedo, como periodista, ha cubierto la mayor parte de los principales acontecimientos mundiales del último medio siglo. Corresponsal de Televisión Española (TVE) en diversos países, desde Israel a Estados Unidos de Norteamérica. Sin embargo, es en Portugal durante seis años de preñados acontecimientos entorno a *Revoluçao dos cravos* (revolución de los Claveles), cuando su labor periodística alcanza elevadas cotas y gran repercusión en España. Impacto, en la opinión pública, mucho más importante de lo que realmente se suele aceptar, máxime dado el especial momento de la agónica situación del franquismo, a un año de la muerte del dictador (1975).

Carcedo tiene en su haber quince libros publicados sobre diversos temas, de alguna forma a partir de sus amplios y contrastados conocimientos como periodista. Hay que anotar además que maneja con soltura la pluma para analizar la actualidad para diversos medios de comunicación. Dada su larga experiencia internacional ha ejercido también la docencia como profesor de Relaciones Internacionales. Sin olvidarse de su activa labor como conferenciante. En un plano más institucional ha desempeñado diversos cargos de responsabilidad dentro de la Corporación RNE-TVE.

Sin embargo, dentro de su larga trayectoria periodística, los años al frente de la corresponsalía de TVE en Lisboa son decisivos; primero, por los especiales momentos que vive Portugal (1974), pero también por la tensa espera de los españoles ante la visible agonía del régimen franquista (1975). Dos regímenes dictatoriales que, aunque surgidos políticamente en momentos cronológicos y orígenes distintos (*guerra incivil* en España). Sin embargo, en el fondo ambos, contra todo pronóstico, con apoyos y/o ausencias dispares, habían conseguido sobrevivir medio siglo. Había llegado el final, tras larga espera, del fracaso de un sistema con dos caras aparentemente distintas, pero que obedecían al mismo patrón anacrónico y antidemocrático.

En Portugal, arrastrado el sistema por un ya insostenible imperio colonial y en España el derrumbe interno del régimen, cuyo único asidero a estas alturas es el viejo dictador. Si bien es verdad que en Portugal la implantación del nuevo sistema democrático tiene que superar ciertas turbulencias, a diferencia de España. Sin embargo, en la década de los ochenta (1986), por insospechados caminos, entrada en el Mercado Común —futura Unión Europea—, ambas naciones de las tradicionales *costas volteadas* pasan a formar parte del mismo espacio europeo integrado. Largo camino en que al final todo parece indicar que la geografía ha conseguido por fin superar los múltiples recelos históricos. En vísperas de la entrada en el Mercado Común, según encuestas todo lo discutibles que se quiera, con pequeñas diferencias en ambos países: un tercio de la población estaba por la unión, otro tercio en contra y el tercero indiferente. Tablas, que sospechamos desde entonces habrán cambiado en buena medida.

Diego Carcedo tuvo la suerte como periodista de estar en el lugar oportuno y en el momento exacto para poder informar a la ávida sociedad española lo que estaba sucediendo, de forma un tanto sorprendente, en la vecina nación en torno al 25 de abril de 1974, que no pocos veíamos como el preludio del deseado cambio en España. Las crónicas de Carcedo se esperaban como *agua de abril* en plena sequía cultural y política. Suerte y acierto que supo desarrollar con gran maestría gracias a la experiencia acumulada a lo largo de tantos años y de estar presente en situaciones muy diversas y peligrosas. La de Portugal, por su trascendencia tanto interna como peninsular, que abre las puertas a la democracia, es sin duda uno de esos momentos culminantes de la vida profesional de un periodista. Broche de oro.

Experiencias que se sintetizan en este interesante libro, que tengo el honor de prologar, no solo sobre el momento central (*Revoluçao dos cravos*) sino también del epílogo hasta llegar a nuestros días: ambas naciones dentro de la Unión Europea. Nuevo marco de resolución, viejos problemas superados; pero también nuevos retos en estos momentos especialmente tensos y hasta preocupantes. De todos modos, seguimos contando con la pluma de Diego Carcedo para tratar de hacérnoslos asequibles.

Celso Almuiña,
Catedrático emérito de Historia Contemporánea (UVa).
Presidente del Ateneo de Valladolid.

Capítulo I
Noche de luna llena

Aquella noche dramática del 25 de abril en que los portugueses empezaron a recobrar la libertad, que durante varias décadas les habían mantenido secuestrada unos dictadores crueles y mesiánicos, la primavera acababa de estallar con todas las fuerzas de la naturaleza en los jardines y alrededores de Lisboa. En los balcones del barrio típico de Alfama, cargado siempre de nostalgias y ecos de fados que el paso del tiempo ha vuelto inolvidable, los geranios y claveles recién florecidos daban al ambiente un aire premonitorio y anticipado de fiesta.

La luna llena reverberaba en las aguas tranquilas del estuario del Tajo, invadidas de manera un tanto inesperada por varias unidades navales de la OTAN, cuando el mayor Otelo Saraiva de Carvalho, al volante de su utilitario Morris 1000, puso el intermitente de la izquierda, abandonó la carretera que corre paralela a la costa y se adentró en el barrio de Benfica en dirección al cuartel de la Pontinha, elegido días atrás por un grupo de militares decididos a cambiar el régimen político implantado hacía cuarenta y ocho años por Oliveira Salazar, como centro de operaciones para el golpe de Estado que, con determinación pero escasos medios y abundante peligro, habían venido planeando desde hacía siete meses largos, 229 días para ser precisos.

Otelo iba sereno, aunque no se le ocultaba el riesgo y la responsabilidad que estaba asumiendo. Mientras sorteaba el tráfico, bastante caótico a esa hora del atardecer, los recuerdos pasaban a ráfagas por su cabeza entremezclándose con los detalles más dispersos del plan de operaciones que habían preparado entre varios oficiales para asegurarse, primero, un buen sistema de comunicación entre los conjurados y sus unidades; segundo, el control de los medios de comunicación audiovisual, y tercero, la neutralización de los centros de decisión militar desde donde era de esperar una reacción capaz de desencadenar una guerra civil similar a la que entre 1936 y 1939 dejó en España muchos centenares de miles de muertos.

—Ya no hay marcha atrás —se dijo para sus adentros mientras aparcaba—. Vamos a ver cómo sale todo.

Otelo, cuyo rostro de perfil romano reflejaba ya los efectos del cansancio y la tensión acumulados en los últimos días, buscó un lugar discreto en el aparcamiento reservado a oficiales, comprobó que no dejaba ninguna identificación a la vista y cogió el portafolios que llevaba en el asiento de al lado. Al bajarse del coche no pudo por menos de sentirse extraño todavía con los galones relucientes, recién estrenados, de mayor del Ejército en la hombrera. Hacía pocas semanas que le había llegado el ascenso y aún no se había acostumbrado a su nueva condición. En ese momento, no pudo evitar pensar una vez más en los riesgos que estaba asumiendo. Pero su decisión era firme y su actitud decidida.

—Ya está bien de fascismo —se dijo a sí mismo con autoridad—. Vamos a correrlos a gorrazos.

Y echó a andar a grandes zancadas hacia el interior del cuartel.

Aunque el sistema contaba con el soporte férreo de las Fuerzas Armadas, los militares nunca se habían sentido plenamente felices con la dictadura corporativista que bajo el nombre de Estado Novo ejerció, primero el propio Oliveira Salazar y, en los últimos seis años, su sucesor, Marcelo Caetano. A lo largo de los cuarenta y siete años, diez meses y veinticuatro días que ya se prolongaba el régimen, habían sido varias las sublevaciones, revueltas cuarteleras e intentos de golpe que el régimen había tenido que enfrentar. Tantas que ahora, al hacer ya con cierta perspectiva un repaso histórico, puede decirse que, a pesar de su aparente tranquilidad, el salazarismo fue una etapa política tan accidentada como oscurantista.

Ya en sus comienzos, en 1931, cuando Oliveira Salazar gozaba, en todo su esplendor, de la imagen mesiánica de salvador de la patria, que algunos creían en peligro, su Gobierno había tenido que enfrentarse a una rebelión militar en Madeira. Luego fueron produciéndose otras, siempre aisladas y mal planificadas, que apenas conseguían mantener a Salazar y a Caetano nerviosos, con la atención puesta en los cuarteles y sin poder confiar demasiado en las adhesiones retóricas con que los altos jefes de las Fuerzas Armadas intentaban ahogar a menudo el desasosiego que, por diferentes razones, se respiraba en las unidades, y particularmente en las salas donde convivía la oficialidad.

La última intentona seria, contra el Gobierno, había sido descubierta y neutralizada unos meses atrás, cuando en noviembre de 1973 el primer ministro Marcelo Caetano viajó a Madrid para asistir a los funerales por su colega español Luis Carrero Blanco, muerto cuando salía de misa en un atentado terrorista de la organización separatista vasca ETA.

El prestigioso general ultraconservador Kaúlza de Arriaga, a su regreso a Portugal después de una larga etapa como gobernador en Mozambique, se sorprendió al comprobar el alto grado de desintegración al que había llegado el régimen y puso en marcha un plan militar para hacerse con el poder político y restaurar los principios de la ortodoxia salazarista, que, siempre en su opinión, estaban siendo abandonados y traicionados por el espíritu liberalizador que Marcelo Caetano había prometido en su discurso de toma de posesión. Aunque con planteamientos opuestos, los militares que con Kaúlza de Arriaga querían volver atrás y los que, agrupados en el entonces llamado Movimiento de los Capitanes, propugnaban un salto hacia adelante conspiraron en paralelo durante meses para poner fin al llamado sarcásticamente *consulado Marcelista*.

Los planes de Kaúlza y sus seguidores quedaron al descubierto el día en que, después de haber sido denunciados sin resultado alguno por el capitán Vasco Lourenço al jefe y al subjefe del Estado Mayor de las Fuerzas Armadas, generales Francisco Costa Gomes y António de Spínola, cuya eliminación estaba contemplada en los planes del golpe, el 17 de diciembre el mayor Carlos Fabião aprovechó una clase que tenía que impartir para poner al descubierto la trama y obligar a sus responsables a parar sus planes. Además de Kaúlza de Arriaga, quien había asumido el papel de nuevo candidato a salvador de la patria y de rebote del régimen, también estaban implicados los generales Silvino Silvério Marques, Joaquim Luz Cunha y Henrique Troni, todos ellos considerados hasta ese momento como apoyos sólidos de Marcelo Caetano.

El Movimiento de los Capitanes, que posteriormente y conforme fue creciendo y diversificándose pasaría a denominarse Movimiento de los Oficiales y, finalmente, Movimiento de las Fuerzas Armadas

(MFA), representaba de alguna manera el otro extracto social e ideológico que estaba creando diferencias cada vez mayores dentro de las Fuerzas Armadas portuguesas entre, los mandos militares tradicionales, herederos en muchos casos de una tradición aristocrática de siglos de poder y los nuevos oficiales surgidos de una clase media-baja decidida a aprovechar cualquier oportunidad que se le abriese para prosperar. La dureza de las guerras coloniales que, desde 1963, amenazaban la supervivencia del Imperio lusitano y los bajos salarios que recibían los oficiales habían ido dejando paso en las academias militares a aspirantes para cuyos apellidos el acceso hubiese sido poco menos que imposible unas décadas atrás.

El origen modesto de la inmensa mayoría de los oficiales y la influencia que, tanto la dureza de la guerra como el contacto con las poblaciones de las colonias, empezó a ejercer sobre ellos, fueron creando en el seno de las Fuerzas Armadas una conciencia muy divergente de las ideas de exaltación patriótica que habían intentado imbuir en la oficialidad a lo largo de los cuatro años de Academia. Las reflexiones durante las largas noches de vigilia en la selva, el abnegado ejemplo de los guerrilleros que, en la trinchera de enfrente, se arriesgaban por su libertad e independencia y los pingües beneficios que unos pocos y privilegiados colonos obtenían de la explotación de unas tierras, de unos monopolios y de unos trabajadores poco menos que esclavizados fueron creando en ellos la conciencia de estar al servicio de una injusticia, algo que pronto acabaría chocando frontalmente con las razones que el régimen esgrimía para mantener inalterable su política colonial, incluso aferrándose a unas guerras sobre las que todos los expertos coincidían en que eran imposibles de ganar.

En las islas Azores, a casi dos mil kilómetros de distancia de Lisboa, el anticiclón que con tanta frecuencia trae el buen tiempo a la península ibérica empezaba a desvanecerse aquel atardecer en que Otelo Saraiva de Carvalho buscaba un lugar discreto para dejar su coche en el aparcamiento de oficiales del cuartel de Ingenieros de Pontinha. El viento suave había dejado de soplar y unos nubarrones negros y oscuros empañaban el cielo sobre Ponta Delgada, la tranquila y puritana capital del archipiélago donde la influencia episcopal, jamás cuestionada por las autoridades, mantenía aún prohibidas de hecho las discotecas.

En el Cuartel General del Ejército, un poco alejado del centro, nunca parecía haber reinado tanta normalidad como ese anochecer. Poco antes del toque de fajina para la cena, el mayor Melo Antunes se hizo el encontradizo con el capitán Vasco Lourenço, que estaba de oficial de día, y muy discretamente le mostró un telegrama que su suegra había recibido poco después del almuerzo.

—Entonces, ¿ya? —preguntó con voz temblorosa el capitán.

—Esta noche. Todo conforme a lo convenido —respondió el mayor.

Ambos militares estaban en la conspiración del autodenominado Movimiento de las Fuerzas Armadas desde el primer momento. Vasco Lourenço había sido durante varios meses el principal motor de la organización clandestina que planeaba y por fin ponía en marcha un golpe de Estado contra la dictadura. En su casa de recién casado de San Pedro de Estoril, todavía a medio amueblar y por lo tanto sin sillas suficientes para que se sentaran todos, había alojado las primeras reuniones del grupo de capitanes que, unidos al principio por algunos problemas de carácter profesional, acabaron coincidiendo en la necesidad de hacer algo para librar al país de la opresión, la pobreza y el descrédito.

Ernesto Melo Antunes, hombre de sólida formación intelectual, había sido el redactor del primer manifiesto del grupo y era aceptado por todos como su principal ideólogo. En las elecciones de 1969 para la constitución de la Asamblea Nacional, el pseudoparlamento que el régimen mantenía bajo estricto control para disimular su condición fascista y legitimar en apariencia sus decisiones, había concurrido sin éxito dentro de un bloque de candidatos de oposición que intentaban explorar la posibilidad de transformar el Estado desde sus propias estructuras fascistas. Como era uno de los implicados en la conspiración más sujetos a vigilancia, y por lo tanto más vulnerables, en un determinado momento solicitó su traslado a las Azores, donde vivía la familia de su mujer, y enseguida le fue concedido.

Vasco Lourenço, en cambio, había sido trasladado de manera compulsiva —en una medida disciplinaria que afectó en total a cuatro oficiales— al archipiélago a mediados de marzo, cuando el grupo, que ya contaba con centenares de adhesiones, había tomado la firme decisión de adoptar una medida de fuerza capaz de imponer un cambio de régimen político con el que afrontar las tres grandes exigencias que, a pesar de su silencio temeroso y su pasividad conformista, formulaba el pueblo portugués, lo que luego se llamaría el programa básico de las tres des: democratizar, descolonizar y desarrollar.

El propio Vasco Lourenço, horas antes de subirse al avión que le llevaría a su destierro, había concertado con los mayores Otelo y Vítor Alves, con quienes compartía la dirección de la Comisión Coordinadora del Movimiento, la contraseña a través de la cual Melo Antunes y él serían alertados de la fecha y hora del desencadenamiento del golpe. Tanto el mayor Saraiva de Carvalho como el capitán Lourenço conocían bien la falta de escrúpulos de la PIDE, la siniestra policía política del régimen, a la hora de violar la correspondencia y las comunicaciones telefónicas y telegráficas, y al establecer la clave evitaron dar pistas o levantar sospechas de cualquier tipo: alguien encargado por Otelo en Lisboa enviaría desde una oficina cualquiera de Correos un telegrama a la suegra de Melo Antunes cuyo texto, perfectamente plausible, era: «Tía Aurora sigue Estados Unidos día 25 cero horas. Primo António».

Cuando salían del comedor de la tropa, tras supervisar el desarrollo de la cena, el capitán Vasco Lourenço se acercó disimuladamente al alférez de complemento David Ramos, que también había sido destinado al Cuartel General del Ejército en Azores por razones disciplinarias y con quien mantenía frecuentes conversaciones sobre la difícil situación en que el país se encontraba, y le dijo:

—¡Eh, David! Entonces, ¿tú sabes rezar alguna cosa?

—No mucho, mi capitán —respondió el alférez.

—Pues, lo que sepas no te olvides de rezarlo esta noche. Va a hacer mucha falta —le despidió Vasco Lourenço con una palmada a la espalda.

—Cuente conmigo para lo que sea, mi capitán —dijo el alférez, que sobrentendió el mensaje, guiñando un ojo.

Capítulo II
«... Yo tendría que estar en la ópera»

En el viejo y tenebroso caserón que la familia real de Braganza tenía en la calle António María Cardoso, cerca del barrio literario lisboeta del Chiado, destinado desde hacía tiempo por Salazar para sede de su policía política, tampoco la actividad reflejaba ninguna preocupación especial. La mayor parte de los 2162 agentes con que contaba la organización descansaban en sus casas o se movían por la ciudad tratando de detectar algún movimiento extraño, alguna conversación sospechosa, algún detalle revelador de que alguien, incluso entre los más altos dignatarios de la nación, estaba traspasando los límites de su escasa libertad.

En la planta tercera, varios inspectores se afanaban, sirviéndose de los más sofisticados y variados sistemas de tortura física y psicológica, en interrogar a los últimos sospechosos de actividades contra el régimen que habían sido detenidos. Los buenos oficiales de la PIDE nunca olvidaban, cuando se arremangaban para efectuar un nuevo interrogatorio, que la divisa del centro era: «De aquí no sale ningún preso sin decir toda la verdad». Decenas de miles de ciudadanos conocían bien los métodos de los interrogadores, muchos habían sufrido el destierro a los lugares más alejados e inhóspitos del país y sus colonias, unos cuantos centenares sufrían las consecuencias en las prisiones de Caxias y Peniche, otros conservaban los recuerdos en su piel surcada de cicatrices o, los menos afortunados, como el general Humberto Delgado, no habían sobrevivido para contarlo.

Cuando Marcelo Caetano sustituyó al frente del Gobierno a Salazar, paralizado por un coágulo cerebral irreversible, el 27 de septiembre de 1969, uno de los gestos con que intentó demostrar su voluntad de liberalizar el régimen fue cambiar el nombre, aunque no los métodos ni las funciones, a la policía política. La tradicional PIDE (Policía Internacional para la Defensa del Estado), creada en 1941 con asesoramiento alemán y a imagen y semejanza de la Gestapo, pasó a llamarse formalmente Dirección General de Seguridad (DGS). Pero para la gente de la calle, e incluso para los firmantes de muchos documentos oficiales, el cambio pasó casi inadvertido. Seis años después, todo el mundo seguía conociéndola como la PIDE y estremeciéndose cada vez que escuchaba su nombre.

Mientras en la planta tercera, en las mazmorras contiguas a la capilla, proseguía el trabajo de los torturadores con los detenidos, un piso más arriba, en la restringida área de escuchas telefónicas, varios funcionarios aplicados grababan las conversaciones de sesenta y ocho personas, en su mayor parte con algún protagonismo en la vida pública, cuya actividad despertaba desconfianza. Entre los teléfonos particulares que esa noche permanecían pinchados estaban los de los generales Costa Gomes y Spínola, recién destituidos como máximos responsables de las Fuerzas Armadas, los de varios militares del Movimiento, entre ellos Melo Antunes, Vasco Lourenço y Otelo Saraiva de Carvalho, el del frustrado golpista ultraconservador general Kaúlza de Arriaga y los del... ¡presidente de la República, Américo Tomás, y del Gobierno, Marcelo Caetano!

La radio en Portugal gozaba de una bien merecida fama de alegre, dinámica y entretenida. Aunque la férrea censura a que estaba sometida impedía a sus profesionales desarrollar toda la creatividad de que eran capaces y los informativos sufrían todo tipo de limitaciones, los programas de entretenimiento, y particularmente los musicales, tenían un aire moderno y dinámico que contrastaba con el ambiente de somnolencia y a veces hasta de tristeza que se respiraba en el país.

Para los radiofonistas portugueses no dejaba de ser un pequeño motivo de orgullo el hecho de que, a pesar de las dificultades del idioma, en las comarcas fronterizas de Extremadura y Galicia, sus programas compitieran a menudo con los de las emisoras españolas. En ciudades como Badajoz o Vigo, Rádio Clube Português era considerada una emisora familiar, en la que solían escucharse antes que en ninguna otra las últimas creaciones de los cantantes y grupos extranjeros de moda, sobre todo los británicos.

Entonces no se hacían en Portugal estudios fiables de audiencia, pero existía la convicción de que, en la dura competencia que mantenían por el liderazgo las cuatro ofertas radiofónicas más importantes, era Rádio Clube Portugués la que se llevaba el gato al agua. Y la competencia no era fácil, porque también la Emissora Nacional, Rádio Renascença y Emissores Associados de Lisboa tenían buenos programas y en determinadas franjas horarias todas ellas se alternaban en el liderazgo.

Las cuatro cadenas respondían a características diferentes, empezando por su régimen de propiedad. La Emissora Nacional, Rádio Clube Portugués y Rádio Renascença eran cadenas de alcance nacional, mientras que Emissores Associados de Lisboa tenía reducida su cobertura a la capital y alrededores. La Emissora Nacional pertenecía al Estado y era la voz del gobierno, en tanto que Rádio Renascença pertenecía a la Iglesia y, a pesar de su vocación conservadora y condescendiente con la situación establecida, de vez en cuando sorprendía en los estamentos oficiales con algún desliz que ponía al régimen al borde de un ataque de nervios.

Rádio Clube Portugués, en cambio, era privada, pero sus propietarios, que no parecían a disgusto con la dictadura ni mucho menos, sólo estaban interesados en que la cuenta de resultados al final del ejercicio permitiese el reparto de un buen dividendo. Su penetración en España venía de los tiempos de la Guerra Civil, en la que apoyó con entusiasmo la causa del general Franco y estimuló la ayuda que los *viriatos* portugueses le estaban prestando; por cierto, entre ellos figuraba un joven, ambicioso y prometedor capitán de caballería llamado António de Spínola.

La cuarta oferta radiofónica en Portugal respondía al indicativo Emissores Associados de Lisboa y funcionaba con una fórmula tan original como complicada. La frecuencia era explotada en régimen rotatorio por cuatro emisoras locales —Rádio Graga, Rádio Peninsular, La Voz de Lisboa y Club Radiofónico Portugués—, cuyos propietarios habían constituido un consorcio para repartirse el tiempo de antena. La programación era eminentemente musical y la música que emitía eminentemente popular. Tenía una buena audiencia en los barrios y, sobre todo, en las ciudades industriales del otro lado del Tajo, como Aliñada, Barreño e incluso Setúbal.

El mayor Amadeu García dos Santos se limpió con la mano unas gotas de sudor que perlaban su frente y se quedó enjarras contemplando la instalación que acababan de terminar: dos antenas, una vertical y otra dipolo, que garantizarían tanto la recepción como la transmisión de las órdenes e informaciones necesarias para la ejecución de un complejo plan de operaciones militares. Como respondiendo a un destello final de duda, fruto quizás del nerviosismo y la tensión acumulada, se abalanzó de pronto para hacer una nueva comprobación, la enésima ya, del transmisor principal, que se hallaba colocado sobre la mesa de mando, en el centro de la sala.

—Pues parece que esto está —murmuró satisfecho después de observar que todo funcionaba a la perfección.

García dos Santos era uno de los mejores oficiales de transmisiones del Ejército portugués. Había tenido ya oportunidad de demostrar muchas veces sus conocimientos técnicos, ampliados con cursos en el extranjero, en los frentes africanos, donde la guerra se complicaba a menudo por las grandes distancias, la falta de carreteras y la dispersión de las unidades. El teniente coronel era un hombre serio, de pocas pero precisas palabras y con convicciones democráticas firmes. Aunque no había tenido especial protagonismo en las reuniones preparatorias del golpe, era uno de los oficiales que primero se adhirieron al que acabaría denominándose Movimiento de las Fuerzas Armadas. El papel que el plan de operaciones le asignaba, tanto en el proceso de preparación como a lo largo de la noche del 25 de abril, sería crucial para el éxito de la sublevación: sobre él gravitaba la responsabilidad del montaje y el funcionamiento de los equipos necesarios para la coordinación estratégica y táctica de todas las unidades implicadas en la operación.

Como centro de operaciones se había elegido el cuartel del Regimiento de Ingenieros RE 1, de Pontinha, un barrio popular de Lisboa que se extiende por las proximidades del estadio de la Luz, del club de fútbol Benfica. Era uno de los acuartelamientos más discretos de la capital; no estaba especialmente bajo la vigilancia de la PIDE, contaba con los medios y expertos necesarios para cubrir las necesidades de un plan de operaciones como el que el mayor Otelo Saraiva de Carvalho y sus ayudantes habían preparado y, lo que era muy importante también, entre los conspiradores existía la impresión de que su jefe, el coronel Lopes da Conceçao, haría la vista gorda durante los preparativos y, llegado el momento, lejos de oponer resistencia, se limitaría a guardar las formas a que el cargo le obligaba para terminar adhiriéndose al golpe.

A pesar de ello, aquel anochecer en la sala de oficiales del acuartelamiento, el ambiente de clandestinidad y secretismo era evidente. Los oficiales conjurados para encabezar el golpe reflejaban en sus prolongados silencios la tensión a que se hallaban sometidos. Otelo llegó el último. Llevaba debajo del brazo una cartera con los treinta y cuatro folios, escritos a mano y llenos de tachaduras, jeroglíficos y claves ininteligibles para un profano, que contenían todo el plan de operaciones necesario para acabar con cuarenta y ocho años de dictadura. El título del plan, en cuya concepción habían intervenido oficiales de diferentes armas, no podía ser más premonitorio: «Viraje histórico».

El capitán Carlos Macedo, su adjunto en la coordinación de las operaciones, se adelantó a recibir a Saraiva de Carvalho. Casi no se cruzaron palabras en el saludo. Se miraron con una tenue sonrisa y Otelo apenas musitó:

—¿Qué quieres que te diga?: *Alea jacta est.*

Los demás implicados también se fueron acercando al mayor escogido democráticamente para asumir el mando operacional. Alguien del grupo sugirió la conveniencia de cenar algo.

—Sí, que luego a saber cuándo vamos a volver a comer...

Con evidente desgana, el grupo caminó lentamente hacia la cantina de oficiales.

—Me gustaría llamar a mi mujer —comentó Otelo a uno de sus compañeros en el trayecto—. La dejé llorando. Aguantó muy bien hasta el último momento y, cuando nos despedimos, parecía muy tranquila. Pero cuando estaba en la calle me di cuenta de que había olvidado la pistola, que esta noche puede ser más necesaria que nunca, y cuando volví a recogerla la encontré sentada en la misma silla en que la había dejado, con la cabeza entre las rodillas y llorando desconsoladamente. Fue muy duro...

El mayor Vítor Alves, que compartía con Otelo y con Vasco Lourenço la máxima responsabilidad del golpe casi desde los inicios, se acercó y preguntó:

—¡Eli, Otelo! Tú que haces bien los cálculos, ¿qué porcentaje de posibilidades de ganar calculas que tenemos?

—El ochenta por ciento —respondió Otelo con convicción.

—Pues te digo una cosa —respondió Vítor Alves—: yo me conformaba con el veinte. El ochenta me parece hasta demasiado.

Pero Otelo seguía enfrascado en su nostalgia familiar.

—Fue inevitable que habláramos de futuro... Me preguntó, claro, qué podía pasar, y aunque intenté mantener el optimismo le he sido muy franco: pérdida de la condición militar y, por supuesto, el destierro y la cárcel para muchos años. Al final le dije: «Pero no te alarmes, que vamos a ganar». ¡Y vamos a ganar!

El mayor Vítor Alves y el capitán Macedo asintieron con la cabeza. Ninguno podía evitar en esos momentos, en que aún era posible, aunque difícil, la marcha atrás, pensar en sus familiares. Los dos sabían que, al igual que iba a ocurrir en casa de Otelo, también en sus hogares la radio permanecería encendida toda la noche.

—Y pensar que a estas horas yo tendría que estar en la ópera —comentó Otelo al tiempo que se sentaba a la mesa.

—¡No me digas!

—Pues, sí. Yo no me acordaba, pero teníamos desde hace tiempo entradas para asistir esta noche a la representación de *La Traviata*. Fue mi mujer quien me lo recordó. Cuando me dijo: «entonces no vamos a poder asistir a la ópera», me quedé lívido. Lo había olvidado por completo. Como el dinero nunca viene mal, le dije que devolviese las entradas, porque además así podría asistir alguien que las anduviera buscando. Pero con buen criterio mi mujer desechó la idea. Dijo: «No vaya a ser que sospechen... mejor las guardamos como recuerdo». Y tenía razón.

En el Coliseo dos Recreios, con la presencia de una abundante representación de lo más granado de la vida social portuguesa, la Orquesta Sinfónica de Lisboa arrancaba con los primeros compases de la gran ópera de Verdi. Detrás de las bambalinas, Joan Sutherland se miraba una vez más en el espejo y se afinaba la voz con la ilusión de triunfar ante un público nuevo para ella, correcto como pocos, pero tan exigente como el que más.

En las redacciones de los periódicos de Lisboa se vivía el nerviosismo que desencadena habitualmente la hora del cierre. Los directores, bien conscientes de que su puesto exigía revalidar cada día la conformidad del Gobierno, negociaban con el servicio de consulta previa la autorización para las noticias de última hora y los titulares de las primeras páginas.

Salvo *República*, el diario que bajo la dirección de Raúl Regó intentaba permanentemente bordear la raya continua de la tolerancia informativa, todos los demás medios se plegaban con facilidad a las directrices del Gobierno. La única ventaja que tenían era la de poder incluir en la portada un pequeño recuadro en el que se informaba al lector de que el periódico que tenía en sus manos había sido «visado por la censura», con lo cual nadie podía sentirse demasiado estafado.

Algunos periódicos, y particularmente *República*, incluso dejaban en blanco las columnas o los espacios de las informaciones suprimidas o mutiladas por los censores. Cuando Marcelo Caetano accedió a la presidencia del Consejo de Ministros anunció que la censura desaparecería, que los contenidos pasarían a ser responsabilidad de los directores y que para ello contarían con un diligente servicio de consulta previa que, con sede en la calle de la Misericordia, dejaría en la práctica las cosas... tal y como siempre habían estado. «Marcelo —comentaba el veterano Raúl Regó— es un especialista en modificarlo todo para que nada cambie».

Así, día tras día, las páginas de los periódicos eran la muestra más elocuente y engañosa de la irreal tranquilidad en que vivían los nueve millones largos de portugueses y los dieciséis de sus colonias. Los directores de los diarios evitaban como podían que sus periodistas más inquietos buceasen en el fondo de los escándalos y tejemanejes del régimen e intentaban competir entre sí con abundante información deportiva, particular atención a la actividad municipal y a los espectáculos y, sobre todo, un gran despliegue en torno a la actualidad internacional marcado por una indisimulada proclividad a recrearse en los problemas que creaban en el extranjero el ejercicio de la lucha partidaria y el juego entre los gobiernos y la oposición que tanto desagradaba al régimen salazarista.

Aquellos días, además, los periódicos todavía seguían recreándose en las críticas al jurado que desde Televisión Española había calificado las canciones que concurrieron al Festival de la Canción de Eurovisión, celebrado en Brighton. Los votos que desde Madrid recibía la canción portuguesa invariablemente se convertían cada año en motivo de polémica y con frecuencia en motivo para la renovación de los ataques del nacionalismo lusitano más primario contra la que consideraban permanente actitud hostil de España hacia Portugal. En esta ocasión las cosas habían sido aún peores que en ediciones precedentes. La canción enviada por la Rádio Televisáo Portuguesa (RTP) al festival, *E depois do adeus*, cantada por Paulo de Carvalho, era muy popular en Portugal, resultaba pegadiza y, como esperaban sus promotores, había obtenido buenas puntuaciones de varios países entre los cuales... no se encontraba España.

En las páginas de los diarios, en cambio, nunca había hueco para la información que, más allá de los comunicados oficiales, conseguían los redactores sobre la tensión militar, por ejemplo, que en las semanas precedentes habían desencadenado, primero, los rumores sobre el intento de golpe ultraconservador del general Kaúlza de Arriaga, luego la publicación del libro *Portugal e o futuro*, del general António de Spínola, después del frustrado levantamiento del Regimiento de Infantería número 5 de Caldas de Rainha, más tarde el bochornoso acto de vasallaje (como lo calificó la oposición clandestina) a Marcelo Caetano por parte de una representación de la cúpula de las Fuerzas Armadas, a la que el ingenio popular bautizó enseguida como «brigada del reúma», y por último, la destitución del jefe y del subjefe del Estado Mayor de las Fuerzas Armadas, generales Costa Gomes y António de Spínola.

Algunos de los periodistas más brillantes e inquietos habían sido enviados a París para seguir con atención el desarrollo de las elecciones presidenciales francesas convocadas tras la muerte de Pompidou. La portada del *Diário de Notícias*, que en la noche del 25 de abril se hallaba desparramado sobre la mesa del oficial de día del cuartel de Pontinha, incluía un editorial titulado «Balas de papel», la referencia del Consejo de Ministros celebrado la víspera en el palacio de São Bento, una noticia sobre las investigaciones que se estaban llevando a cabo en Austria para descubrir a los autores de unos atentados y una crónica del corresponsal en París en la que contaba los enfrentamientos entre los dos candidatos de la coalición gubernamental de la derecha, el gaullista Chaban-Delmas y el republicano Valéry Giscard d'Estaing.

Nadie a lo largo del día, ni siquiera los censores que cada mañana repasaban las páginas de los diarios con gran atención, por si la víspera se les había escapado algo, reparó en un suelto de apenas doce líneas que bajo el título «Limite» publicaba *República* en su sección de espectáculos, justo al lado de la cartelera. Había sido redactado por uno de sus editorialistas, Alvaro Guerra, bien conocido de la PIDE por su activa militancia contra el régimen, y decía:

El programa *Limite* que se transmite en Rádio Renascença diariamente entre la medianoche y las dos horas mejoró notoriamente en las últimas semanas. La calidad de los comentarios y el rigor de la selección musical hacen de *Limite* un tiempo radiofónico de audición obligatoria.

Pasaban pocos minutos de las diez y el director de un periódico, tras consultar una vez más un reloj en el que las horas parecían haberse detenido, se puso la chaqueta que tenía colgada del respaldo de su silla de trabajo, ordenó un poco los papeles que se amontonaban en su mesa y, con el pulgar de la mano derecha tensando el tirante del pantalón, se asomó a la sala de los confeccionadores y ordenó:

—Venga, cerrad sin esperar más. A estas horas ya no va a pasar nada.

Capítulo III
Coragem. Pela Vitoria

Mário Soares, secretario general del clandestino Partido Socialista y exiliado en Francia desde hacía cuatro años, llegó a Bonn, capital entonces de la República Federal de Alemania, alrededor de las cinco de la tarde. Le acompañaban su esposa, la actriz de teatro María Jesús Barroso y dos dirigentes del partido exiliados también en diferentes países europeos, Tito de Moráis y Francisco Ramos da Costa.

Soares, con una larga tradición sobre sus espaldas de lucha contra el régimen salazarista, que ya le había supuesto un largo y duro destierro en la isla de Santo Tomé, estaba aprovechando su exilio para configurar un partido de izquierdas en el que se estaban integrando muchos demócratas de ideas avanzadas que discrepaban de los métodos y planteamientos de los comunistas casi tanto como de los del salazarismo. Desde hacía mucho tiempo venían demandando una organización capaz de aglutinar sus deseos de ver implantado en Portugal un sistema de libertades similar al que disfrutaban los ciudadanos de los otros países occidentales, excluida la España de Franco y la Grecia de los coroneles. Aunque la prensa portuguesa había silenciado la creación del nuevo partido, la PIDE, que sí se había enterado rápidamente, puso en marcha un plan para controlar la actividad de los sospechosos de hallarse implicados en la iniciativa. Pero aun así, el recién aglutinado Partido Socialista sólo tardó unas pocas semanas en disponer de una organización consistente en diferentes ámbitos de la sociedad portuguesa, y de manera muy especial en los ambientes intelectuales y culturales de Lisboa y en las empresas de su entorno industrial.

Mário Soares había tenido una intervención destacada en la reunión que la Internacional Socialista acababa de celebrar en

París y viajaba a Bonn para ser recibido al día siguiente por el canciller federal, Willy Brandt, hombre muy sensible a la necesidad de intensificar los esfuerzos de la socialdemocracia internacional para liquidar los residuos del fascismo que seguían siendo las dictaduras de Portugal y España. El líder socialista portugués, consciente de que la situación en su país era insostenible, tenía puestas muchas esperanzas en el resultado de la conversación con el canciller.

Justo a la misma hora en que Otelo Saraiva de Carvalho accedía al cuartel de Pontinha y, a casi dos mil kilómetros al oeste, el capitán Vasco Lourenço leía y releía el telegrama en clave que le anunciaba el golpe, también a dos mil kilómetros de Lisboa, sólo que estos hacia el este, Mário Soares, su mujer y los dos compañeros del partido que les acompañaban, llegaban al elegante restaurante donde el ministro federal de Defensa, Georg Leber, les había invitado a cenar. La conversación entre los comensales arrancó con la dificultad derivada de las diferencias idiomáticas, pero enseguida fue cobrando viveza. En un momento determinado, agotadas ya las banalidades sobre el tiempo y los vinos del Rin servidos como aperitivo, el ministro preguntó:

—Bueno, ¿y qué pasa por Portugal? ¿Ya están más calmados los militares?

Mário Soares se limpió los labios con la servilleta, carraspeó y, tras un breve titubeo, respondió:

—Bien… yo no diría eso, señor ministro.

Soares se revolvió en la silla, bebió un sorbo de agua y empezó a exponer su análisis de la situación.

La libertad y la democracia eran históricamente dos valores poco accesibles para los portugueses. Apenas entre octubre de 1910, cuando fue depuesto el último rey, don Manuel II, y mayo de 1926, en que un golpe de Estado impuso la dictadura, el país disfrutó de algunos intervalos breves de tiempo en libertad. La inestabilidad política que siguió a la proclamación de la República impidió que el sistema de partidos se consolidara, y quince años después los militares acabaron asumiendo el poder e invitando al joven y brillante catedrático de la Universidad de Coimbra António de Oliveira Salazar a hacerse cargo de la cartera de Finanzas y salvar a la economía nacional de la grave crisis en que se hallaba sumergida.

Seis años después, Salazar, que desde la gestión de la Hacienda Pública había conseguido hacerse con un enorme carisma, accedió a la presidencia del Consejo de Ministros, relegó la presidencia de la República a algo puramente representativo y, muy en línea con las corrientes totalitarias que se estaban extendiendo por Europa, implantó un régimen de corte fascista al que denominó Estado Novo. Unos meses más tarde, ya en 1933, hizo promulgar una Constitución adecuada a sus ideas y ambiciones que definía a Portugal como «una República unitaria y corporativa».

A partir de ese momento, la represión y el control de los movimientos políticos y sociales convirtieron a Portugal en un país sometido a la voluntad exclusiva de sus gobernantes. La existencia de una Constitución que establecía el carácter republicano del Estado y el mantenimiento de una cámara legislativa, la Asamblea Nacional, junto a otra de carácter corporativo, sin funciones específicas, le servían al régimen para mostrar una fachada pseudodemocrática en la que no creían ni sus propios defensores. Las elecciones legislativas y presidenciales que se celebraban cada cinco y siete años respectivamente nunca iban más allá de un refrendo, en muchas ocasiones fraudulento, de los candidatos seleccionados por el dictador.

El presidente del Consejo de Ministros, es decir, el propio Salazar, también determinaba previamente quién sería el candidato del partido único, la Acçao Nacional Popular (ANP), a la presidencia y, una vez elegido en votación aparentemente abierta, el nuevo presidente llamaba a su mentor y hacía la pantomima de encargarle una vez más la formación del Gobierno. Cuando un presidente no demostraba la más absoluta de las fidelidades a Salazar o pretendía en algún caso actuar con criterios propios, su futuro político enseguida se acortaba. Fue lo que le ocurrió en 1958 al general Craveiro Lopes, cuya candidatura a la reelección fue sustituida sin explicaciones por la del almirante Américo Tomás.

La oposición podía presentar candidatos, lo cual contribuía a legitimar al régimen, pero sin posibilidad alguna de ganar. En 1958 precisamente concurrió frente al candidato oficial, el almirante Américo Tomás, el prestigioso general Humberto Delgado, quien, desafiando las iras del régimen y superando todo tipo de zancadillas, logró despertar durante unas semanas el entusiasmo popular que la atemorizada sociedad portuguesa parecía haber desterrado para siempre. Todos los datos conocidos indican que fue el ganador y por una diferencia aplastante, pero las irregularidades cometidas a la luz pública durante las votaciones y el chapucero recuento de los sufragios acabaron adjudicando la victoria, como era de esperar, a Tomás, a quien el ingenio popular enseguida apodaría con el título de «presidente corta-cintas». Nada más asumir la más alta magistratura de la nación, su misión se redujo a recibir las credenciales de los nuevos embajadores, a presidir inauguraciones de obras por todo el país, la mayor parte de las veces insignificantes, y a cortar las cintas con los colores de la bandera que simbólicamente las engalanaban.

El régimen nunca olvidó los malos momentos que pasó durante la campaña de Humberto Delgado. El general derrotado gracias al pucherazo quedó tocado por el mal de ojo que el dictador solía echar a sus adversarios políticos. Poco tiempo después pedía asilo en la embajada de Brasil y meses más tarde huía del país hacia un exilio del que no volvería con vida: cuando años después, en 1965, intentó regresar, cayó en una trampa que le tendió la PIDE y terminó siendo asesinado junto con su secretaria. Los cadáveres fueron abandonados en un paraje de Aldea del Fresno, al lado de un riachuelo, en la provincia española de Badajoz. Mientras tanto, para evitar nuevos sobresaltos, el siempre previsor Salazar ya había tomado medidas para el futuro: el presidente de la República, en vez de ser sometido a votación popular, sería elegido por un Colegio Electoral formado por representantes de la estructura corporativa del régimen.

Así que a partir de ese momento, Américo Tomás, que nunca osó discrepar de Salazar ni cuestionar su autoridad, no volvió a tener problemas para sus reelecciones, la última, ya con cerca de ochenta años, en 1972. En cambio, sí se vería por fin ante una decisión política importante. El accidente doméstico que en septiembre de 1969 dejó incapacitado al dictador para seguir ejerciendo sus funciones le obligó a tomar por unos días el control de la situación y a decir la última palabra sobre la designación del nuevo presidente del Consejo de Ministros, es decir, del Gobierno. Para sorpresa de muchos, esperanza de algunos y desdén de los más ortodoxos del régimen, el escogido fue el profesor de Derecho Marcelo Caetano.

Seguramente en aquellos días Américo Tomás descubrió el morbo de los tejemanejes subterráneos en que se desenvolvía la actividad política dentro del marco de la dictadura. Lo cierto es que a partir de entonces empezó a implicarse más y con ello tal vez a enredar más las cosas. Lejos de apoyar las tímidas promesas liberalizadoras que Marcelo Caetano había hecho en el discurso de su investidura, enseguida el presidente de la República empezó a mostrar sus reticencias a los cambios y dos o tres años más tarde aparecía ya claramente alineado con quienes, como los generales Kaúlza de Arriaga y Arnaldo Schulz, propugnaban un retorno a los planteamientos duros de quienes creían que el poder estaba abandonado. En la noche del 25 de abril, mientras en numerosos cuarteles de todo el país se ponía en marcha el golpe de Estado contra su presidencia, el senil almirante daba cabezadas frente al televisor en el salón de su residencia privada del barrio residencial lisboeta del Restelo.

Cuando el cornetín de órdenes anunció retreta en la Escuela Práctica de Caballería de Santarém, algunos oficiales de servicio en el acuartelamiento no pudieron evitar arriesgarse a cruzar unas miradas de complicidad. Había sido un día muy ajetreado y la tropa, alrededor de quinientos hombres, mostraba síntomas lógicos de cansancio. Muchos de ellos habían estado afanados desde las primeras horas de la mañana en el cumplimiento de una orden de puesta a punto de los vehículos blindados para entrar en acción, y el esfuerzo que tuvieron que hacer para cumplirla había dejado huellas en sus rostros.

La orden, que dentro de su excepcionalidad no pasaba de entrar dentro de las alteraciones normales de la rutina cuartelada, había sido impartida la víspera por el siempre exigente en el cumplimiento del deber capitán Fernando Salgueiro Maia, quien a lo largo de la jornada no había abandonado ni un momento la vigilancia de los trabajos de reparación de los carros de combate que se hallaban fuera de servicio por averías menores, del aprovisionamiento de combustible y de la dotación de la munición adecuada para cada una de las piezas con que estaban armados los tanques.

Salgueiro Maia descendía de una modesta familia de ferroviarios. Su graduación con el número uno de su promoción en la Academia Militar era el gran orgullo de sus padres, que nunca habían soñado con tener un hijo tan dotado para el estudio y el trabajo. En cuanto terminó los estudios militares solicitó el ingreso en la universidad y, en las horas que el servicio le dejaba libre, se licenció primero en Ciencias Políticas y poco después en Antropología. En la Escuela

Práctica de Caballería de Santarém era considerado un oficial ejemplar. Algunos jefes de la unidad le achacaban demasiada familiaridad con los soldados y suboficiales, pero la realidad era que nadie como él contaba con tanta autoridad personal ni lograba un acatamiento mejor de las órdenes que se impartían.

Encerrado en su cuarto, Salgueiro Maia abrió con cuidado y cierta curiosidad el ejemplar de la víspera del periódico *Época*, el órgano oficioso de la variante marcelista del salazarismo. Una foto a dos columnas del nuevo embajador británico, Nigel Clive, presentando credenciales al presidente Américo Tomás, abría la primera página en un evidente intento por demostrar que las grandes potencias occidentales no aceptaban el bloqueo diplomático con que los países del Tercer Mundo intentaban castigar a Portugal por su negativa a conceder la independencia a las colonias africanas.

La portada también incluía una crónica sobre la campaña electoral francesa bajo el título «Mitterrand, el inquietante», un artículo titulado «Italia: el declive fatal», la noticia de que «Tres terroristas del PAIGC habían sido abatidos en el norte de la Guinea-Bissau» y una información, fechada en Madrid, dando cuenta de que el cantante Raphael, muy popular también en Portugal, preparaba un «espectáculo maratoniano: va a cantar tres horas por día durante un mes». El capitán Salgueiro Maia sonrió y pasó las páginas sin detenerse a leer más, hasta que se encontró con un par de folios reproducidos a *cyclostile* en los que los encargados del plan de operaciones del golpe le hacían llegar las últimas instrucciones para la movilización de la unidad.

Las copias del plan habían sido distribuidas en la tarde del martes 23 por el mayor Otelo Saraiva de Carvalho a través de los enlaces que los oficiales comprometidos en la conspiración habían enviado para recogerlas. Otelo había dejado aparcado el coche en la calle Sidonio País y, llevando en la mano el portafolios modelo «James Bond» que su mujer le había regalado con motivo de su ascenso, se adentró por los paseos del parque Eduardo VII, donde entre niños jugando, mujeres haciendo ganchillo, vejetes conversando apoyados en sus bastones y parejas de enamorados haciendo manitas, se fue encontrando con unos cuantos oficiales, fáciles siempre de distinguir por su pelo corto y actitud marcial, a quienes sin demasiada discreción, tras intercambiar un breve santo y seña, acababa entregándoles un ejemplar del periódico que llevaba en la mano. Luego, en cuanto se quedaba solo, abría la cartera y sacaba otro periódico similar con el que seguía deambulando entre rosaledas y parterres.

El diario *Época* era la primera contraseña de identificación que, más allá del físico fácil de identificar de Saraiva de Carvalho y del santo y seña establecido, habían adoptado los encargados de planificar las operaciones. El periódico marcelista tenía una difusión mínima y, aparte de constituir un elemento bastante insólito en manos de alguien, era a su vez un salvoconducto para quien lo portaba o lo leía en público. Otelo compró varios ejemplares ante la mirada sorprendida del quiosquero y, ya dentro del coche, había incluido en cada uno las instrucciones para cada unidad. La elección de *Época* quizás le supuso al diario, junto con su sentencia de muerte, el mayor éxito de ventas que había experimentado a lo largo de sus cuatro años de existencia.

El capitán Salgueiro Maia examinó el plan que le había sido asignado e hizo llamar a sus adjuntos, los también oficiales Tavares de Ahneida, Rui Santos y Correia Assunçáo, a quienes, con el sigilo propio de la situación, fue explicando sobre un mapa turístico de Lisboa, repleto de iconos, los pasos a seguir y los objetivos a alcanzar. Luego se echó para atrás en la silla, encendió la radio que tenía en un estante, dejó caer los brazos, respiró profundamente y se quedó escuchando con los ojos entrecerrados.

João Paulo Dinis acudió a los estudios antes de lo habitual. Había estado dando vueltas por los alrededores de la radio (Emissores Associados de Lisboa) para ganar tiempo y no levantar sospechas, pero llegó un momento en que decidió subir. Allí, rodeado de sus compañeros de trabajo y enfrascado en la preparación del programa, a buen seguro que se sentiría más tranquilo. Estaba angustiado. A ratos notaba que el corazón le palpitaba con fuerza y algo le insuflaba fuerza y optimismo, aunque luego las dudas y los temores volvían a dominarle y entonces las piernas empezaban a flaquearle y su ánimo se venía abajo.

—Buenas noches tengan sus excelencias… —saludó en tono jocoso.

Pero sus palabras se ahogaron en el estruendo de las máquinas de escribir y el sonido de la emisión que un viejo altavoz expandía por la sala de redacción. Apenas los más próximos a la puerta respondieron de forma mecánica al saludo del presentador del programa cuyo guion estaban ultimando.

Dinis se acercó a la vieja cafetera montada sobre un infiernillo de alcohol y se sirvió una taza de café. La noche anterior no había conseguido pegar ojo y durante el día cada vez que intentaba comer algo sentía que el estómago se lo rechazaba. Mientras sorbía lentamente el café con la mirada perdida en el suelo, repasó mentalmente una vez más los detalles del embrollo en que se hallaba metido.

La víspera, martes, había recibido una llamada de una persona que se dijo llamar capitán Costa Martins y que quería ofrecerle unos discos de música israelí. A primera vista resultaba extraño y sospechó, claro, que pudiera tratarse de una argucia de la PIDE, lo cual le puso en guardia inmediatamente. Pero luego el capitán acabó confesándole que le llamaba de parte del mayor Otelo Saraiva de Carvalho, al que había conocido en Mozambique, y eso le tranquilizó, no del todo, pero sí lo suficiente como para que acabase aceptando una invitación a tomar unas cañas por la noche en el bar del centro comercial Apolo 70, uno de los lugares de moda con más tolerancia, llegada la hora de cerrar. Quedaron a las doce y cuarto, después de terminar el programa, y Dinis acudió lleno de preocupación.

En una de las mesas de la entrada estaba sentado el cantante «Zeca» Afonso (José Afonso) de tertulia con otras personas, y al fondo, el inconfundible Otelo Saraiva de Carvalho, con su prematuro pelo blanco y su habitual aire de cordialidad en la cara, acompañado de otro hombre al que nunca había visto. Se saludaron, se intercambiaron piropos sobre el buen aspecto que ambos tenían y enseguida Otelo preguntó a Dinis:

—¡Eh, João Paulo! Aquel que está allí, ¿no es «Zeca» Afonso?

—Sí es, sí —respondió Dinis.

—Me encantan sus canciones. Tienen fuerza, rezuman sentimiento y siempre aportan algún mensaje social.

Costa Martins quería ir al grano con mucha prisa y se puso a explicarle que necesitaban su colaboración para difundir una contraseña que sirviese a los militares conjurados en un golpe contra el régimen como aviso para desencadenar la acción. João Paulo Dinis escuchó los planes igual que si estuviera soñando o viendo una película. La idea de ver caer al Gobierno hacía vibrar sus convicciones democráticas, pero las dudas sobre la veracidad del proyecto y su seriedad atenazaban su garganta y le impedían expresar alguna de las ideas contradictorias que, en tropel, le iban desfilando por la cabeza.

En cierto momento, Otelo abrió el portafolios que tenía sobre las rodillas y sacó del interior del ejemplar de *Época* unas hojas de papel escritas a mano, algo que contribuyó a poner a Dinis de nuevo en alerta. No era normal que una persona que conspiraba de verdad para derribar al régimen fuese lectora del diario que defendía con más fanatismo la dictadura.

—Este es el plan de operaciones —le explicó Otelo, señalándole con el dedo el encabezamiento y el final.

João Paulo Dinis apenas consiguió leer las dos últimas líneas:

GRUPODATAHORA 25 03H00 ABR 74
SENHACONTRASENHA CORAGEM – PELA VITORIA

—Necesitamos que, a una hora determinada, una emisora de radio emita una contraseña que muy bien puede ser una canción. Y hemos pensado que tú podrías echarnos una mano. Hace falta, naturalmente, actuar con el mayor secreto...

Dinis iba asintiendo con la cabeza. Cuando Otelo terminó de hablar se sintió más relajado. Una fuerza interior, desconocida hasta ese momento, le empujaba a prestar su colaboración. Pero no tardó en darse cuenta de algunas dificultades.

—Bien, de acuerdo. Pueden contar conmigo. Lo que ocurre es que nuestra frecuencia tiene un alcance muy reducido. Apenas cubrimos un radio de cien kilómetros en torno a Lisboa. En las provincias más alejadas no nos van a captar. Para eso será mejor que intenten servirse de cualquiera de las otras emisoras: las tres tienen cobertura nacional.

Los dos militares se miraron con sorpresa y preocupación unos instantes. Otelo fue el primero que reaccionó:

—No habíamos reparado en eso. Es una suerte que nos hayas alertado sobre este detalle importante. Tendremos entonces que buscar la forma de emitir una contraseña general desde otra emisora, pero se me ocurre que tú podrías difundir una primera que ponga en alerta a las unidades del área de Lisboa implicadas y les confirme que todo está corriendo como lo teníamos previsto. El golpe tiene como objetivo controlar los medios de comunicación y los centros de poder y esos están todos en Lisboa. La mayor parte de las unidades de fuera lo que tienen que hacer es impedir que las fuerzas que se movilicen en defensa del Gobierno consigan llegar a la capital.

El programa de João Paulo Dinis terminaba a las doce de la noche.

—Necesitamos que, a las doce menos cinco, pongas una canción y la presentes de una manera determinada... como acordemos.

—Eso no ofrece problemas —respondió el periodista sin dudarlo más.

—Podría ser una canción de «Zeca» Afonso, aprovechando que le tenemos ahí enfrente. Hay una nueva muy bonita, *Orándola*...

—Me gusta mucho —respondió João Paulo—. Pero nuestra emisora emite música muy popular. No es normal programar canciones tipo balada como las de «Zeca» Afonso. Podría resultar muy extraño. Hasta es probable que no tengamos el disco en la emisora.

—Me gusta eso de que «el pueblo es quien más manda» —dijo Otelo,

—Ya. Pero quizás fuese más normal despedir el programa con *E depois do adeus*, de Paulo de Carvalho. Fue nuestra representación en el Festival de Eurovisión, es una canción que está muy de moda y no levantaría ningún género de sospechas.

Enseguida se pusieron de acuerdo en los detalles. Cuando se despidieron, Otelo comentó:

—Vamos, que estas son noches de poco dormir.

El mayor, que no en vano había sido responsable en Guinea del Servicio de Acción Psicológica del Ejército y presumía de conocer bien a las personas, echó a andar hacia la calle contento de haber convencido al periodista, pero con un par de preocupaciones añadidas: tendría que apresurarse a organizar una segunda contraseña a través de otra emisora y, además... aún le inquietaban algo las dudas que agobiaban a João Paulo Dinis. No habían sido capaces de disipar del todo su desconfianza. Evitó comentarlo con su compañero, pues pensó que Costa Martins, siempre tan impulsivo, había estado poco afortunado en la forma de plantear las cosas.

Por la mañana sonó el teléfono en casa de João Paulo Dinis mucho más temprano de lo habitual. Sus amigos sabían que trabajaba de noche y nadie le molestaba hasta la hora del almuerzo. El periodista, medio dormido todavía, atendió y escuchó de nuevo la voz del capitán Costa Martins. Sólo pretendía confirmarle todo lo hablado y avisarle de un pequeño cambio: la contraseña debía adelantarse una hora. Lo demás, sin variación.

—A las once menos cinco, —dijo el capitán—. ¿Habrá algún problema?

—Ninguno —garantizó el periodista—. Espero que no.

—Si surgiese algún contratiempo de última hora, alguien te llamará a los estudios. Esperemos que eso no ocurra.

—De acuerdo —dijo Dinis, temeroso siempre de que su teléfono estuviese intervenido por la PIDE. Y de que el capitán cometiese alguna imprudencia.

João Paulo Dinis terminó el café, intercambió un saludo rápido con el realizador del programa, Carlos Fernandes, y se encaminó a la discoteca a recoger el disco de Paulo de Carvalho. «Lo llevaré al estudio yo mismo y cuando llegue la hora se lo daré a Carlos para que lo ponga en el giradiscos. Si pregunta algo diré que he prometido a una amiga emitírselo como despedida de sus veinticinco años. Ya veremos —iba pensando al mismo tiempo que repetía mentalmente la sencilla introducción del disco que se había comprometido hacer—. Sería simpático que estuviésemos cambiando la historia de Portugal esta noche», se dijo para sí con una sonrisa interior.

Los estantes de la discoteca estaban atestados, y sobre la mesa también había montañas de discos sin catalogar. Algunas veces los programadores tenían dificultades para encontrar las canciones que deseaban. El disco de Paulo de Carvalho *E depois do adeus* tendría que ser fácil de localizar. Dado que en esos días era una de las canciones más solicitadas por los oyentes, todo el mundo tenía mucho cuidado de dejar el disco en su sitio después de emitirla. João Paulo Dinis fue derecho al sitio donde estaba seguro de encontrarlo.

Pero, extrañamente, no estaba. Miró en los casilleros contiguos y no lo vio por ningún lado. Ya iba a preguntar a un compañero si sabía dónde estaba, pero se contuvo. Echó una ojeada a los discos que alguien acababa de traer del estudio y permanecían sin colocar y tampoco estaba. Entonces empezó a sentir una enorme sensación de desasosiego seguida de un escalofrío que le recorrió la espalda de arriba abajo.

Capítulo IV

Después del Domingo de Ramos, viene el Viernes Santo

Nada en las calles de Lisboa auguraba que aquella noche fuera a ocurrir algo excepcional. La ciudad cada vez se iba encerrando más en sí misma ante la falta de estímulos y perspectivas a que la dictadura la tenía sometida. Numerosas embajadas habían cerrado su representación en protesta por la obstinación del régimen en mantener a ultranza las colonias contra el ejemplo dado por otros países y frente a las resoluciones de la ONU.

Los embarques de las tropas de reemplazo para Guinea, Angola y Mozambique originaban escenas desgarradoras diarias en puertos y aeropuertos. El temor a ser movilizados para la guerra tenía atemorizados a los jóvenes y a sus familiares. Sólo en la huida hacia otros países de Europa tenían una posibilidad de librarse y a la vez de disfrutar de la libertad que en su país tenían vedada. Y lo mismo ocurría con los intelectuales insumisos al régimen, para quienes la alternativa era o procurarse por pies el exilio o vérselas con la PIDE y acabar en alguna de las cárceles donde se hacinaban centenares y centenares de presos políticos.

El imperio colonial que Portugal seguía conservando contrastaba con la estrechez, cuando no la pobreza, en que vivía la mayor parte de la población. Nadie sabía a dónde iban a parar los beneficios de las riquezas naturales que ofrecían las colonias, desde maderas y minerales hasta petróleo y diamantes. El único símbolo positivo de poder económico era la discutible solidez del escudo y la ausencia de déficit en la cuenta de resultados de las finanzas públicas. Las teorías económicas de Salazar, completamente desfasadas, tenían más de cuentas de la abuela que de otra cosa y se basaban fundamentalmente en el ahorro y en una contención del gasto rayana en la paranoia que impedía el despegue industrial y frenaba el desarrollo.

Las reservas de oro acumuladas en el Banco de Portugal eran las segundas del mundo, lo cual permitía mantener el escudo entre las monedas más estables y menos expuestas, por lo tanto, a las devaluaciones, tan frecuentes por aquellos años. La renta per cápita rondaba los 600 dólares y apenas 700.000 de los nueve millones largos de portugueses tenían teléfono en sus casas o contaban con coche propio. Bien es verdad que, como contrapartida poco consoladora para las personas de condición modesta, una gran parte de los privilegiados que podían comprarse coche optaban por los modelos más caros del mercado: Portugal, que tenía el dudoso honor de ser el país más pobre de Europa después de Albania, era también, paradójicamente, el que exhibía el parque automovilístico con un porcentaje más alto de Mercedes.

Otelo cenó muy poco y no esperó siquiera a tomar el postre. Unos minutos antes de las diez miró a sus compañeros de mesa, los mayores Vítor Alves, García dos Santos y Sanches Osório y el capitán Luis Macedo, puso las manos sobre el borde de la mesa y a un gesto de su cabeza todos se levantaron. El máximo responsable de la coordinación del golpe estaba ansioso por conocer el centro de transmisiones que García dos Santos había estado montando a lo largo de la tarde.

García dos Santos había elegido una sala de unos cincuenta metros cuadrados situada en uno de los lugares más estratégicos del acuartelamiento: cerca del comedor, con salidas a la parte trasera del edificio y con acceso directo al patio donde solía formar la tropa en parada. La sala había sido acondicionada con un sentido muy práctico, aunque escasamente estético. Las paredes desnudas y desconchadas y las mantas que cubrían las ventanas, junto a la luz mortecina de las bombillas colgadas del techo, completaban un ambiente bastante similar al que el grupo de oficiales estaba acostumbrado a tener en los acuartelamientos africanos desperdigados por las selvas de Guinea, Angola y Mozambique.

García dos Santos explicó con su habitual precisión la estructura de comunicaciones que había montado. Las antenas que con gran discreción habían levantado en el exterior unos soldados escogidos permitían la transmisión y recepción de órdenes y mensajes con todas las unidades implicadas en el plan. Algunos de los equipos más modernos habían sido sustraídos de otros cuarteles de la ciudad por oficiales comprometidos en la conspiración y cedidos en préstamo al Movimiento con un documento escrito a mano.

En el centro de la sala había una mesa alargada, desde la que se dominaba la entrada, con varios teléfonos. A la izquierda, otra mesa soportaba los equipos de radio colocados en batería, y a la derecha una tercera mostraba diferentes accesorios y una veintena larga de teléfonos de campaña. En el único armario que había en la sala, cerrado con llave y bastante desvencijado por cierto, había varias pistolas cargadas, unas cuantas granadas de mano y munición abundante.

Saliendo al patio por una puerta lateral, una tienda de campaña levantada en un abrir y cerrar de ojos minutos antes alojaba un puesto de escucha de radio desde el cual García dos Santos y Sanches Osório esperaban poder seguir minuto a minuto las comunicaciones oficiales del Estado Mayor de las Fuerzas Armadas y del propio Gobierno. Al otro lado, un largo y angosto pasillo acondicionado con varias decenas de literas provistas de colchoneta, manta y cabezal aguardaba para alojar durante las primeras horas a los detenidos ilustres que fuesen cayendo en manos de los rebeldes. Todos, oficiales sublevados y presos de renombre, deberían compartir un único y austero retrete.

Cuando García dos Santos terminó de explicar el esquema y la forma de funcionamiento del sistema instalado, llegó el comandante de la Marina Vítor Crespo. Otelo apenas escuchó las últimas palabras de su compañero.

—¡Óptimo! —exclamó.

Despojándose de la guerrera, se arremangó la camisa caqui del uniforme, se sentó en su puesto de mando y comenzó a dar órdenes. La primera, enviar un pelotón de treinta soldados del Batallón de Cazadores número 5, una unidad comprometida plenamente con el Movimiento, a proteger con la mayor discreción las residencias de los dos generales a quienes habían mantenido informados de sus planes y con quienes contaban para el momento de asumir el poder: Costa Gomes y Spínola. Una de las residencias se hallaba en la avenida de los Estados Unidos y la otra en la calle Rafael de Andrade. La segunda, más que una orden fue una sugerencia que todos sus compañeros respaldaron enseguida: encargar a Vítor Crespo que hablase cuanto antes con el almirante Rosa Coutinho, capitán de la fragata Almirante Pereira da Silva.

Luego sacó de la cartera unos folios verdes, los extendió sobre la mesa y, con varios de sus compañeros acodados alrededor, comenzó a repasar el plan ya con las últimas correcciones. La primera página estaba encabezada por una línea en mayúsculas que decía:

CONFIRMACIÓN DEL INICIO DE LAS OPERACIONES

Y debajo:

1. La confirmación del inicio de las operaciones es determinada por cualquiera de las siguientes señales indicadas en los párrafos 2 y 3.
2. A las veintidós horas y cincuenta y cinco minutos (22 h 55) del día 24 ABR 74, será transmitida por los Emissores Associados de Lisboa una frase, indicando que faltan cinco minutos para las veintitrés horas (23 h 00) y el anuncio del disco de Paulo de Carvalho, *E depois do adeus*.
3. Entre las cero horas (00 h 00) y la una (01 h 00), del día 25 ABR 74, a través del programa de...

—¡Eli, Amadeu! —gritó Otelo—¿tenemos un aparato normal de radio?

—Tenemos, sí señor —respondió el mayor García dos Santos.

—Aquí está —añadió Lopes Pires, mostrando un modelo bastante antiguo de transistor Philips.

—Pues, sintoniza los Emissores Associados, haz el favor. Vamos a ver cómo están corriendo las cosas.

El restaurante Francinhas, que se abría con grandes ventanales a la calle Bramcamp, en la esquina con la calle Castilho, muy cerca de la plaza del Marquês de Pombal, donde se levanta el imponente monumento al artífice de la reconstrucción de Lisboa, estaba de fiesta. Había abierto sus puertas, con bastante éxito por cierto, el 25 de abril de 1973, y aquella noche tanto su propietario como sus empleados, el cocinero incluido, preparaban la sala para celebrar adecuadamente el acontecimiento al día siguiente.

Un cartel al fondo expresaba el deseo de un feliz aniversario, las mesas habían sido decoradas de manera especial con guirnaldas de cotillón, en la cocina preparaban un aperitivo sorpresa con el que serían saludados los clientes y en el frigorífico aguardaban varias botellas de *bagaço* (el excelente orujo portugués) para ser ofrecido bien frío, como recomiendan los expertos que debe beberse, a los comensales después del café. El dueño no cabía en sí de satisfacción. Cuando el último empleado abandonó el restaurante hizo un repaso de todo y anotó en el cuaderno de comandas los detalles de los que aún tendría que ocuparse antes de abrir por la mañana. La última anotación era: «Comprar flores para ofrecer a las señoras».

Marcelo Caetano apagó la luz y aún tardó un buen rato en dormirse. Era hombre de costumbres moderadas. Ya desde sus tiempos de estudiante se acostaba pronto y madrugaba mucho. Aunque había quien creía que no se enteraba de nada de cuanto estaba pasando a su alrededor, quienes le rodeaban sabían que era consciente de la gravedad de la situación en que se encontraba el régimen. Había sucedido a Salazar seis años atrás y desde aquella fecha no había tenido ni un solo día de tranquilidad.

La crisis atenazaba al Gobierno desde todos los flancos: la guerra en las colonias estaba volviéndose insostenible. Concretamente, la Guinea Portuguesa estaba perdida, y reconocer su independencia iba a suponer un golpe durísimo para el país. Mientras tanto, la presión de las Naciones Unidas por una parte y el aislamiento diplomático por otra estaban complicando la posición de Portugal en el mundo. Alrededor de ochenta países ya habían roto relaciones con el país o se negaban a establecerlas. Sólo la pertenencia a la OTAN y los pactos con los Estados Unidos, que permitían a la Fuerza Aérea utilizar la base de Las Lages, en la isla Terceira (Azores), igual que si se tratara de territorio norteamericano, además de una fraternal relación con la dictadura del general Franco en la vecina España, permitían a la diplomacia portuguesa ir trampeando en medio de un ambiente internacional absolutamente hostil.

En Lisboa, apenas dos embajadas de las pocas que quedaban abiertas seguían manteniendo una actividad pujante. Una era la del gobierno racista de Sudáfrica y la otra la del Estado independiente fundamentado en el *apartheid* que, de forma unilateral y con el nombre de Rhodesia, había sido proclamado en 1965 también en África por los colonos blancos encabezados por Ian Smith.

Unos días antes, aprovechando el paréntesis festivo de la Semana Santa, Marcelo Caetano había sido visitado por el exministro español

Laureano López Rodó, con quien había trabado en los últimos tiempos una sólida amistad. En la tarde del Miércoles Santo visitaron el monasterio de Batalha, con el que los portugueses conmemoraron su victoria en Aljubarrota, y luego, quizás en una concesión al morbo bastante difícil de entender, se acercaron discretamente al cuartel de Caldas de Rainha donde un mes antes se había producido una rebelión en la que muchos habían comenzado a ver los peores augurios para el régimen.

López Rodó, que sentía una gran admiración por la categoría intelectual y moral del presidente del Consejo de Ministros portugués, afirma en sus *Memorias* que Caetano le confesó que se hallaba en un callejón sin salida. Le preocupaba la infiltración marxista en las Fuerzas Armadas, no veía solución para las provincias ultramarinas (como se denominaba a las colonias), porque abandonarlas sería dejar a un millón de portugueses en riesgo de ser pasados a cuchillo, la solución federal propuesta por Spínola en su libro *Portugal e o futuro*, que tanto eco estaba teniendo tanto dentro como fuera de Portugal, no sería aceptada por la ONU y, para colmo de males, el presidente Américo Tomás, elegido para un mandato de siete años cuando ya tenía setenta y ocho, se inmiscuía más cada vez en los asuntos del Gobierno, animado quizás por sus hijas, que querían a toda costa seguir siendo «la familia reinante».

Sólo le quedaba a Caetano el apoyo popular, que sentía muy cerca sobre todo cuando viajaba por el país e incluso por las provincias ultramarinas. En Viseu, donde su presencia en compañía de López Rodó había sido descubierta por un grupo de personas, disfrutó unos instantes de los aplausos que espontáneamente le tributaron. Pero tuvo un detalle, que el político español consideró con el paso del tiempo muy clarividente. En medio de los saludos, el Caetano aparentemente emocionado se inclinó hacia él y le susurró al oído: «No se olvide, Laureano, que después del Domingo de Ramos viene el Viernes Santo». Una de las notas más destacadas de su biografía era su sólida fe religiosa.

Marcelo Caetano estaba viudo desde hacía más de diez años. Había nacido el 17 de agosto de 1906 y, tras pasar como uno de los alumnos más brillantes por la facultad, a los veintiún años se licenció en Derecho. Fue asesor del Ministerio de Transportes hasta que, muy joven también, consiguió la cátedra de Derecho Administrativo, función que alternó con la actividad política dentro de la Uniáo Nacional (UN), el partido único que aglutinaba al salazarismo. Con el paso de los años fue ministro de las Colonias (antes de que fuesen convertidas en provincias), presidente de la propia UN y de la Cámara Corporativa y, hasta 1958, ministro de la Presidencia. Durante una larga etapa fue considerado como el teórico del régimen; era el autor y supervisor de sus leyes más comprometidas y se le veía como el delfín de Salazar, una condición que poco después perdería.

Tras su cese como ministro de la Presidencia, consecuencia de algún enojo nunca explicado de Salazar, fue designado rector de la Universidad Clásica de Lisboa. En el año 1962, con motivo de unas revueltas estudiantiles que durante varias semanas alteraron la vida nacional y particularmente la actividad académica, la policía hizo varias incursiones en el campus, reprimió con contundencia a los manifestantes y se llevó detenidos a centenares de alumnos en contra de la opinión del rector, que entendía que el recinto universitario no podía ser violado de esa manera. En cuanto se normalizó la situación, Caetano dimitió del cargo y, aunque lo hizo con la mayor discreción, aquello acabó proporcionándole una nueva imagen de liberalidad y tolerancia que no le abandonaría hasta que, para sorpresa general, en 1968, una vez declarada la incapacidad de Salazar para seguir al frente del Ejecutivo, fue elegido por el presidente de la República para encabezar el nuevo Gobierno de la dictadura más antigua y oscurantista de Europa.

En Madrid era una hora más tarde y las redacciones de los periódicos matutinos empezaban también a quedarse vacías. La situación política en España tampoco puede decirse que fuese mejor que en Portugal. Era de dominio público que el viejo dictador Francisco Franco había perdido gran parte de la energía con que, a lo largo de treinta y ocho años, había gobernado a golpe de consejo de guerra a los cerca de cuarenta millones de españoles. El asesinato cinco meses atrás del presidente del Gobierno, el almirante Luis Carrero Blanco, había sumido al país en una grave crisis, marcada en gran parte por las propias contradicciones internas del régimen y la incertidumbre con que se contemplaba el futuro.

El nuevo presidente del Gobierno, Carlos Arias Navarro, había asumido el cargo bajo las sombras de duda que la muerte de Carrero Blanco había provocado. No dejaba de ser extraño que el heredero del almirante fuera la persona que, desde el puesto de ministro de la Gobernación, debía asumir la responsabilidad máxima por su seguridad. En cualquier país con un juego político libre y transparente, Arias Navarro habría tenido que dimitir. Pero en España, al igual que en Portugal, el régimen fascistoide que seguía vigente treinta años después del final de la última guerra europea, podía permitirse todo lujo de arbitrariedades y excentricidades.

En un edificio de líneas geométricas y color rojizo que se alzaba en el número 142 del paseo de la Castellana, a quinientos metros de la plaza de Castilla, estaban aún encendidas casi todas las luces. Era la nueva sede de la llamada Prensa y Radio del Movimiento, la organización de medios de comunicación que el partido único del franquismo, el Movimiento Nacional, extendía por todo el país. En la cuarta planta del edificio se hallaba la dirección y la redacción del diario *Arriba*, el periódico creado en la década de los treinta por el propio José Antonio Primo de Rivera, el fundador de Falange Española. El regente de los talleres, situados en la planta baja del edificio, subía y bajaba preocupado por el retraso con que, como últimamente venía siendo habitual, el redactor jefe de cierre le iba entregando las páginas.

El nuevo director del periódico, el periodista falangista Antonio Izquierdo, nombrado dos meses atrás a raíz del cambio de Gobierno, revisaba con cierto desinterés las galeradas que el subdirector le iba mostrando en espera de su visto bueno. Izquierdo era un buen periodista, pero aquellos días lo que de verdad le preocupaba era la actitud que los falangistas ortodoxos, con el exministro José Antonio Girón al frente, iban a adoptar ante los planteamientos vacilantes sobre el futuro del franquismo que Arias Navarro había hecho (en un intento por ganarse la confianza de quienes exigían una evolución rápida hacia un sistema democrático) en su discurso de investidura presidencial ante las Cortes, lo que rápidamente había dado en llamarse el «espíritu del 12 de febrero».

Izquierdo echó un vistazo a la última página, donde, bajo el grueso titular «Portugal en calma», el enviado especial del periódico en el país vecino, José Luis Gómez Tello, se recreaba en la solidez con que el régimen salazarista se mantenía bajo la mano firme de Marcelo Caetano, fiel a sus principios y convicciones. El director, hombre inteligente y perspicaz, sujetó un momento la galerada, hizo un gesto de duda con los labios, movió la cabeza de un lado a otro y comentó:

—No tengo yo muy claro que aquello no pegue un petardazo cuando menos lo esperemos.

El calor, a punto ya de empezar la estación de las lluvias, era agobiante en Saigón, la capital de un Vietnam del Sur, cada vez más amenazado por la derrota en su guerra civil con la guerrilla comunista del Vietcong. Cuando desembarcó en el aeropuerto de Ton San Nhu, don Duarte Nuno sintió que el vaho húmedo —en torno a los cuarenta grados centígrados— le ahogaba. El heredero de la Corona portuguesa, duque de Braganza, acababa de cumplir su servicio militar como piloto de helicópteros en Angola, pero a pesar de estar familiarizado con la guerra, no pudo por menos de sorprenderse del despliegue de armamento con que estaba protegido el aeropuerto.

Venía de Timor, de una visita de contacto con las colonias portuguesas en el Extremo Oriente y, en ruta hacia Macao, el otro residuo del Imperio lusitano en Asia, se había detenido en Saigón aceptando una invitación de las autoridades survietnamitas. Con ello cumplía un doble objetivo: ampliar sus contactos internacionales y observar personalmente el drama en que se había convertido el conflicto que en esos momentos atraía la atención mundial.

Los acuerdos de París, firmados unos meses antes por Henry Kissinger y Le Duc Tho, incluían la retirada de las tropas norteamericanas, pero no la voluntad de las autoridades de Vietnam del Sur de seguir defendiendo su sistema de libre mercado y su independencia, frente a la alegada agresión de sus hermanos del norte. El anfitrión del duque de Braganza era el presidente del Parlamento, Tran Van Lhan, quien aquella misma tarde, casi sin tiempo para que se relajara del viaje con una larga ducha, le ofrecía una recepción a la que estaban invitados varios ministros, altos cargos militares y miembros del cuerpo diplomático.

Al día siguiente, 25 de abril, don Duarte viajaría acompañado por una delegación militar a la ciudad imperial de Hue, cercada ya por tierra por los guerrilleros del Vietcong, y después la base de Da Nang, recién abandonada por los norteamericanos, que fueron sustituidos por un escuadrón de la Fuerza Aérea sur vietnamita. Luego de la recepción, Tran Van Lhan ofreció una cena restringida a la que asistió, entre otros dignatarios, el ministro de Asuntos Exteriores, quien en un momento de la conversación lamentó la política colonial que se empeñaba en mantener el Gobierno portugués:

—Querríamos tener mejores relaciones con Portugal. Pero mientras no cambie de actitud va a ser muy difícil. Nosotros también fuimos colonizados durante mucho tiempo; nosotros también hemos tenido que librar una guerra muy cruel para alcanzar la independencia, y quienes ahora hacen lo mismo no pueden por menos de contar con nuestra simpatía.

Don Duarte no esperaba una crítica tan frontal hacia el gobierno salazarista, con el que él había mantenido tradicionalmente una relación fría y distante. Los roces eran frecuentes, pero tanto la Casa Real como el Gobierno evitaban siempre en el último momento que fuesen a mayores. En cierta ocasión, el heredero de la Corona había sido expulsado de Angola, y de vez en cuando se le prohibía visitar las colonias, donde se había propuesto realizar diversas actividades humanitarias que primero Salazar y después Caetano veían con recelo.

—No sé si han oído hablar del general Spínola —respondió el duque de Braganza—. Es un general muy prestigioso que fue durante varios años gobernador de Guinea y que acaba de publicar un libro en el que aborda el futuro de las colonias desde una óptica muy distinta de la que el Gobierno viene manteniendo. Además de defender la evolución democrática del régimen, su propuesta es que se promueva la creación de una federación de países en la que se integren Portugal y todas sus provincias ultramarinas con un estatus federal; yo creo que una independencia controlada desde la metrópoli.

El ministro escuchó con atención, pero no se pronunció cuando don Duarte terminó su exposición. Ante su silencio, que el heredero de la Corona interpretó como una muestra de escepticismo, sonrió y dijo:

—De todas formas, vamos a ver qué ocurre. Los militares están muy inquietos y el general Spínola, que a raíz de la publicación del libro fue destituido de su cargo de segundo jefe del Estado Mayor de las Fuerzas Armadas, es poco probable que se quede en su casa en espera de la jubilación.

El ministro survietnamita seguía callado y no dejaba de sonreír.

Capítulo V
«Llévate mi pistola. Puedes necesitarla»

Vasco Lourenço, oficial de día en el cuartel general del Ejército en Ponta Delgada, se sentía eufórico y preocupado al mismo tiempo. Hizo una ronda rápida por las posiciones de los centinelas, comprobó que todo estaba en orden y volvió al cuarto de guardia, donde le esperaba Melo Antunes, como siempre leyendo un libro. No habían tenido noticias directas desde hacía muchas horas y, como se sentían vigilados, no se atrevían ni a tocar el teléfono para hablar con alguien comprometido con el golpe.

Melo Antunes se asomó al exterior, comprobó que ya no quedaba nadie por los pasillos del acuartelamiento y comentó haciendo un gesto de complicidad:

—Todo el mundo duerme tranquilo. Es bueno que descansen.

Vasco Lourenço sonrió complacido, sacó una carpeta de cartón que tenía escondida debajo de la colchoneta y empezó a pasar papeles. Al llegar a uno, con mayor textura que los otros y un sello de seis escudos (unas quince pesetas) impreso en relieve en la parte superior, se quedó mirándolo un instante y, sin decir ni una palabra, se lo tendió a su compañero.

Melo Antunes le echó una ojeada rápida, soltó una breve carcajada y comentó:

—Nuestra bomba atómica.

—Nuestra bomba atómica, sí señor. ¿Te acuerdas de aquellos días? Parecía imposible que alguna vez llegase esta noche —comentó el capitán.

Señor ministro del Ejército

Excelencia:

Vasco Correia Lourenço, capitán de Infantería, número mecanográfico 50083511, prestando servicio en el Batallón de Reconocimiento de Transmisiones, considerando insostenible la situación de desprestigio para el Ejército creada con la entrada en vigor de los decretos-leyes números 353/73 y 409/73, solicita su dimisión como oficial del Ejército.

En los primeros momentos de la conspiración, en el otoño de 1973, todos los oficiales que se iban adhiriendo fueron obligados a firmar una solicitud similar sin fecha. Era la manera de comprometerse con el Movimiento y al mismo tiempo el gran instrumento con que el Movimiento contaba para el caso de que el complot fuese descubierto y algunos de sus responsables detenidos. Entonces se presentarían en bloque todas las solicitudes de abandono de la milicia, que se iban guardando en un lugar seguro, y ante una deserción tan masiva en cuestión de horas el Ejército, que era el arma más afectada, se colapsaría.

En noviembre, la Comisión Coordinadora del Movimiento tenía en su poder la impresionante cifra de seiscientas solicitudes formales de abandono, firmadas por otros tantos oficiales y jefes. Entonces eran muy pocas las personas que estaban en el secreto de lo que enseguida empezaron a llamar «nuestra bomba atómica». Por supuesto, los depositarios habían hecho un acuerdo firme de no hacerla explosionar más que ante una situación extrema.

Vasco Lourenço, entretanto, seguía pasando documentos, hasta que llegó a uno de dos hojas que extendió en la mesa.

—Pues aquí está… —comenzó—. Estamos ante tres hipótesis. La peor, que el golpe fracase en el continente. Entonces nosotros tendríamos que reaccionar de manera casi suicida. Para ello tendremos que detener al capitán general y asumir el mando de la plaza. Será por poco tiempo, claro, pero se trataría de llamar la atención internacional y eso se consigue en pocas horas. No podemos aspirar a otra cosa que no sea armar un gran barullo. Nos conviene para ello contar con rehenes y así tener una base sólida para negociar, con contrapartidas, la libertad de los compañeros detenidos en el continente.

Melo Antunes asentía en silencio. Había sido, a lo largo del proceso de gestación y organización del golpe, el ideólogo político y el redactor del programa con que el Movimiento de las Fuerzas Armadas se proponía asumir el poder. Conocía los planes operacionales, pero no estaba tan familiarizado con ellos como su compañero.

—La segunda hipótesis —prosiguió Vasco Lourenço— es que ocurra lo que pasó en España en 1936: que la situación no se resuelva en pocas horas y que el país quede dividido. Entonces nuestra misión es bien clara: tenemos que hacernos con el mando de la plaza y ponernos al lado de nuestros compañeros sublevados. Ahí sí que podemos asumir un papel muy importante.

El capitán hizo una pausa en espera de la reacción de Melo Antunes, que seguía asintiendo con la cabeza.

—La tercera hipótesis es la más optimista. Uno de los planes que tenía Salazar, para una situación como la que va a surgir hoy, era trasladarse con el gobierno a Azores, concretamente aquí, a Ponta Delgada. Inicialmente creo que barajaron Terceira, pero como allí está la base norteamericana, para evitar otro tipo de complicaciones fijaron definitivamente Ponta Delgada. Eran planes de tiempos de Salazar, ya digo, que algunos de nuestros compañeros destinados en el Estado Mayor conocen. Y esos planes creemos, aunque no estamos plenamente seguros de ello, que no han sido modificados.

—Entonces, dentro de unas horas podemos tener aquí como huésped ilustre a Su Excelencia el señor presidente del Consejo de Ministros.

—A Su Excelencia el señor presidente del Consejo de Ministros, excelentísimo señor doctor Marcelo Caetano, y a Su Excelencia el señor presidente de la República, excelentísimo señor almirante Américo Tomás. ¡Nada menos! Y uno de nosotros tendrá la honorable misión de estar esperándolos en el aeropuerto para darles la bienvenida a la isla y... proceder a su detención. ¿Qué te parece?

—Lo considero fenomenal. Me apunto voluntario para ir al aeropuerto... a rendirles los honores que procedan.

—Eso va a ser difícil. Para mandar la guardia de honor encargada de detenerlos ya me he apuntado yo voluntario. Has llegado tarde.

Los dos se echaron a reír.

—¿Y cómo vamos a saber qué es lo que está pasando? —preguntó Melo Antunes.

Vasco Lourenço se encogió de hombros.

—Por la radio, imagino. No veo otra forma. Luego, cuando la situación se vaya despejando, nos llamarán, espero. Nosotros no debemos...

—Bueno, pues como de momento aquí no hago nada y mañana va a ser muy conveniente estar descansado, me voy a ir a casa. Además, si me quedo aquí contigo puedo levantar sospechas —dijo Melo Antunes.

—Es lo mejor. En cuanto haya algo, te llamo. Duerme tranquilo.

—Eso será difícil —respondió Melo Antunes.

Vasco Lourenço le acompañó hasta la puerta. Allí se dieron un abrazo sin dejar de mirar a los lados y se dijeron hasta luego. Entonces Vasco, que ya había dado la vuelta para regresar al cuarto del oficial de guardia, donde imprudentemente había dejado la carpeta a la vista, cayó en la cuenta de algunos de los peligros a que estaban abocados. Como movido por un resorte, se volvió y llamó a su compañero:

—¡Eh, Ernesto!, ¿tienes algún arma en casa?

—No —respondió Melo Antunes—. Todavía no tengo pistola asignada. No tienen ninguna prisa en dármela. Espero no necesitarla.

Vasco Lourenço echó mano al cinto, sacó la suya y se la tendió:

—Llévate la mía —le dijo—. Puedes necesitarla.

—Pero, ¿cómo voy a llevar tu pistola? Incurres tú en una falta grave desprendiéndote de ella, y más estando de guardia. Aparte de que puede hacerte más falta a ti que a mí —argumentó Melo Antunes.

—Falta grave... una minucia entre todo lo que puede caernos encima. Venga, llévatela. Yo haré la guardia con la metralleta. Si de verdad voy a necesitar con qué defenderme aquí dentro, la pistola va a servirme para bastante poco. La metralleta, cargada como ya la tengo, es otra cosa.

Melo Antunes no discutió más. Se echó la pistola al bolsillo y se fue caminando a su casa.

Vítor Crespo volvió a enfundarse la guerrera, hizo un gesto con la mano y se fue hacia el aparcamiento del cuartel de la Pontinha donde había dejado su coche. A esas horas apenas había tráfico y cinco minutos más tarde estaba ya llamando a la puerta del domicilio del almirante Rosa Coutinho. Fue el propio almirante, cuya cabeza rapada le había valido el apodo de Yul Brynner, quien en mangas de camisa le abrió la puerta.

Crespo conocía las ideas izquierdistas del almirante y nadie dentro de la Marina ignoraba su antipatía por el régimen, así que no se anduvo con circunloquios. Ya en el pasillo empezó a explicarle lo que iba a ocurrir esa noche o, mejor dicho, lo que ya estaba pasando. El almirante escuchó en silencio, con la mano derecha en la barbilla, y ojeó por encima los documentos que Crespo le iba mostrando. Al llegar a la proclama del Movimiento de las Fuerzas Armadas se detuvo con más atención a leerla. Cuando terminó, levantó la vista hacia su visitante y le espetó:

—Con esto, pongo mi navío a vuestra disposición. Contad conmigo y con la fragata para lo que haga falta.

—Muchas gracias, señor —respondió Vítor Crespo sintiendo cómo los temores iniciales se transformaban en una emoción que le recorría el cuerpo de arriba abajo—. Eso no es necesario. Lo que vengo a proponerle es que, dentro de unas horas, cuando todo esté consumado, si el golpe triunfa, como esperamos, acepte usted formar parte de la Junta de Salvación Nacional que habrá de hacerse cargo de la soberanía nacional. El Movimiento tiene empeño en que esté formada por militares de las tres armas con rango de general. Ya contamos para ello con los generales Costa Gomes y Spínola.

Rosa Coutinho no salía del asombro. Pero apenas dudó ni formuló más preguntas.

—Acepto. Cuenten con mi disposición para lo que haga falta. Antes de asumir tan altas funciones, me gustaría ganarme el derecho a acceder a ellas. —Hizo una breve pausa y prosiguió—: ¿Cuándo ha dicho que van a comenzar las operaciones?

Vítor Crespo consultó el reloj. Eran las diez y media.

—Dentro de veinticinco minutos se emitirá la primera contraseña radiofónica. O sea, ya.

—Hay un pequeño problema —dijo el almirante—, A las doce de la noche entro en servicio en el centro de operaciones de la escuadra de la OTAN. ¿Qué le parece que haga?

—Creo que será mejor que acuda al servicio con normalidad. Llegado el momento, le avisaremos.

—Así lo haré. Y ahora, si me permite, le despido porque tengo que darme prisa en ir a vestirme el uniforme.

El mayor Otelo Saraiva de Carvalho, acodado en la mesa de coordinación de operaciones del puesto de mando del Movimiento, empezó a ver desfilar por su cabeza una serie de imágenes de su vida que ya creía olvidadas. Aunque aún faltaban bastantes minutos para la emisión de la primera contraseña, permanecía con un oído atento al transistor que tenía al lado y con el otro pendiente de lo que estaba pasando a su alrededor. Algunos oficiales que no tenían asignada ninguna tarea concreta en el plan iban llegando y poniéndose a disposición para lo que hiciera falta, pero ni la tensión que se respiraba en el ambiente ni el barullo que empezaba a formarse conseguían ahuyentar los recuerdos que se agolpaban en su mente.

Había nacido en Lourenço Marques, nombre colonial de Maputo, la capital de Mozambique, en 1936 y pasó por el liceo como un buen estudiante. Cuando llegó la hora de dar el salto a los estudios superiores peleó con todas sus fuerzas para ser actor, como su abuelo paterno. Soñaba con estudiar la carrera de Arte Dramático en los Estados Unidos y después trabajar en el cine, un sueño que su abuelo se había llevado a la tumba sin verlo convertido en realidad. Siempre había admirado a su abuelo, propietario de una modesta compañía, que se ganaba la vida moviéndose permanentemente de gira por las colonias para ofrecer su espectáculo.

Su padre, conocedor mejor que nadie de las dificultades que encerraba la vida trashumante de los artistas, se negó en redondo y le aconsejó que, en vez de seguir el ejemplo del abuelo paterno, siguiese el del abuelo materno, que era militar. Los militares constituían la élite de la sociedad colonial de la ciudad, y al joven Otelo Saraiva de Carvalho la idea de vestir uniforme, de participar en desfiles y de llevar armas acabó gustándole. Poco después ingresó en la Academia de Artillería de Vendas Novas y en 1959 obtuvo la graduación de oficial.

Su carrera fue brillante, aunque en cierta ocasión —corría el año 1956— a punto estuvo de verla frustrada, cuando ni siquiera había superado el paso del ecuador. Fue una noche en que por una serie de circunstancias acabó asistiendo, y además de uniforme, a una cena de marcado carácter político con la que un grupo de demócratas celebraba el aniversario de la proclamación de la República. El joven cadete, cuya presencia en el acto fue aplaudida, no tenía mucha conciencia de lo que aquello podía acarrearle. La PIDE, que controlaba todo género de actos públicos, tomó buena nota de su uniforme y su aspecto y unas horas más tarde, al llegar de regreso a la Academia, se encontró con un expediente de expulsión. Su abuelo, militar de prestigio y con influencias, tuvo que echar mano de todos sus resortes dentro de la jerarquía militar para conseguir pararlo.

Ya graduado, y casi sin darse cuenta, empezó a sentir una verdadera aversión hacia el régimen de Salazar. A ello contribuyó (lo recordó en su libro *Alvorada em abril*) un viaje que, siendo cadete, realizó un verano a Francia, donde tuvo la primera oportunidad de observar las ventajas de vivir en libertad. En la campaña electoral de 1968 se convirtió en un partidario discreto pero decidido de la candidatura del general Humberto Delgado frente a la del almirante Américo Tomás y, para colmo, el día de las votaciones fue testigo de una escena muy representativa de la falta de limpieza con que se celebraron los comicios y se contaron los votos.

El gobernador militar de Lisboa, general Valente de Carvalho, acudió al colegio electoral donde Otelo hacía cola con un puñado de papeletas del candidato oficial en la mano y, cuando le tocó el turno de emitir su sufragio, las introdujo todas en la urna. Luego miró al presidente de la mesa y le dijo: «Si ve que no son suficientes, luego traigo más». Nunca olvidaría aquella escena, y mucho menos cuando, pasado un tiempo, recibió la noticia de que el «general sin miedo», como era conocido Humberto Delgado en los círculos militares, había aparecido muerto en una aldea de la Extremadura española.

En Angola, adonde fue destinado nada más estallar la guerra, sufrió un primer choque de conciencia al percatarse de la crueldad con que eran tratados los prisioneros. En cierta ocasión se negó a ordenar que se les cortase la cabeza a unos guerrilleros que habían sido abatidos para colocarlas clavadas en estacas al borde del camino del poblado y fue sancionado por indisciplina. Era una manera habitual de ejemplarizar el escarmiento entre los nativos.

Años más tarde regresó a África, a la Guinea Portuguesa, donde los avances de la guerrilla del PAIGC (Partido Africano para la Independencia de Guinea y Cabo Verde), que ya controlaba casi todo el país y se había revelado invencible, no impedía que cada vez adquiriese más relieve la figura del gobernador, el general de Caballería António de Spínola, quizás el militar más representativo de una tradición, ya residual, en que la oficialidad de las Fuerzas Armadas estaba monopolizada por una casta en la que, a lo largo de siglos y siglos, se entrelazaban los poderes político y económico con los viejos privilegios de la aristocracia. En Guinea, Spínola era un virrey, ejemplar como soldado y presuntuoso como persona, cuyo carisma empezaba a ir a la par con sus ambiciones.

Otelo trabajó a su lado algunos años, fue el responsable del Departamento de Prensa y Propaganda del gobernador (allí conoció a muchos profesionales de la comunicación y se familiarizó con los medios, sobre todo con la radio) y acabó dirigiendo el Servicio de Acción Psicológica con el que se intentaba frenar, entre la población nativa, la influencia creciente que desde la clandestinidad ejercían los independentistas, encabezados por el mítico Amilcar Cabral. A raíz del asesinato, seguramente inducido por la PIDE, de Cabral durante una visita a Conakry, Otelo se planteó muy seriamente la situación: «Era una guerra —escribió— que pronto se nos reveló sin sentido y para la cual ansiábamos una solución de carácter político que nuestros gobernantes no querían encontrar, anquilosados como estaban en unas falsas ideas de patriotismo».

Pero Otelo no era el único oficial que empezaba a comprender que aquella guerra apenas servía para salvar temporalmente los intereses de unos pocos privilegiados a costa de la sangre de negros y blancos. Mientras tanto, la muerte de su hija Claudia, de ocho años, a causa de un paludismo cerebral galopante para el que no se encontró remedio, le sumió en una profunda tristeza que le impulsó a comprender mejor el sufrimiento de los nativos, condenados a la miseria, la lepra, el analfabetismo y la explotación.

Un día empezó a leer un libro en inglés de Amilcar Cabral titulado *Revolución en Guinea* y en cuanto pasó las primeras páginas quedó enganchado por sus ideas y razonamientos. «Aquella lectura —comentaría después— me emocionó: la claridad de los conceptos y la definición de los principios, la pureza de las ideas, la afirmación de la voluntad de luchar...». En agosto de 1973, a punto ya de cumplir su periodo en Guinea, el malestar de los oficiales de Academia, entre los que se encontraba él, se vio inesperadamente avivado por la decisión del Gobierno de Marcelo Caetano de facilitar al máximo el acceso de los alféreces y tenientes de complemento al escalafón de los oficiales en activo.

El Gobierno intentaba atender con urgencia la necesidad creciente de oficiales que planteaban los tres frentes de guerra abiertos y al mismo tiempo compensar la cada vez más preocupante escasez de alumnos en las academias militares. Y para ello dispuso que, en dos cursos intensivos de seis meses cada uno, los oficiales de complemento quedarían equiparados en todo, incluida la antigüedad, a los que se habían graduado después de cuatro años de estudios y disciplina en las academias. En la práctica, casi todos los oficiales en activo, hasta el escalón de teniente coronel, se verían afectados por la pérdida de puestos en el escalafón que supondría la incorporación de los intrusos.

Cuando llegó la noticia a Bissau, varios oficiales, entre ellos Otelo Saraiva de Carvalho, se reunieron en un club militar para intentar defender de forma conjunta sus intereses profesionales. Allí firmaron un primer y respetuoso escrito dirigido al Ministerio del Ejército en el que exponían su queja. Y allí, aquel día, quizás habría que situar el nacimiento del Movimiento que unos meses más tarde, en la noche del 25 de abril, se aprestaba desde el cuartel de Pontinha, en Lisboa, a poner fin a la dictadura fundada por Oliveira Salazar hacía cuarenta y ocho años.

El 16 de septiembre Otelo regresó a Lisboa, adonde acababan de llegar también, desde luego con mayor parafernalia y por supuesto con mayor expectación sobre su futuro en la historia del país, los recién relevados gobernadores militares de Guinea, António de Spínola, y de Mozambique, Kaúlza de Arriaga. Aquellos días regresó igualmente a la metrópoli un teniente coronel de aspecto adusto y mirada sobria en el que en ese momento nadie reparó. Había nacido en una aldea de Castelo Branco y su nombre era António Ramalho Eanes.

Capítulo VI
E depois do adeus

Vítor Crespo llegó exultante al centro de operaciones en el cuartel de Pontinha. La adhesión decidida de un oficial superior de la Marina, el arma donde el Movimiento tenía menos implantación, de la categoría de Rosa Coutinho era vital. Contar, además, con la disponibilidad de una fragata bien dotada para entrar en acción en caso necesario suponía un refuerzo con el que hasta ese momento no habían soñado.

Sin embargo, no todas las noticias que empezaban a llegar eran buenas. Unas horas antes, el propio Otelo Saraiva de Carvalho se había encargado de informar de la inminencia del golpe a los dos generales, Costa Gomes y Spínola, con cuyo respaldo indirecto contaban y esperaban contar aún más cuando llegara el momento de asumir el poder. Los dos estaban predestinados a encabezar la Junta de Salvación Nacional que una vez derribado el Gobierno se haría cargo de la Jefatura del Estado y, por lo tanto, de la responsabilidad máxima de la soberanía nacional.

A lo largo de los meses que requirieron la gestación, decisión y puesta en marcha del golpe, los dos habían mantenido una posición cautelosa de asentimiento aunque sin implicarse directamente en la conspiración. La Comisión Coordinadora del Movimiento los mantenía informados de todos sus pasos a través de oficiales de enlace aceptados tácitamente por las dos partes. Y había sido a través de esos oficiales como se les habían hecho llegar los últimos detalles del plan de operaciones que a la hora H, previa difusión de dos contraseñas escalonadas a través de la radio, se pondría en marcha. Junto al plan de operaciones, los dos recibieron también el programa definitivo del Movimiento, tal y como había quedado tras las últimas modificaciones incorporadas, por cierto siguiendo indicaciones del propio Spínola.

La información que traía Vítor Crespo acerca de la función que aquella madrugada tenía que desempeñar Rosa Coutinho reavivó en todos los presentes la preocupación que ya les había asaltado aquella tarde cuando de manera inesperada el jefe del Iberland, el cuartel general que la OTAN tenía en Oeiras (cerca del domicilio de Otelo Saraiva de Carvalho), anunció para el día siguiente el comienzo de unas maniobras navales que bajo el nombre Dawn Patrol (patrulla de madrugada) se desarrollarían en las costas próximas a Lisboa.

La noticia, envuelta en cierto efecto sorpresa, aumentó la tensión a que estaban sometidos en esas horas previas muchos de los oficiales implicados en la conspiración. Sabían que la semana anterior había viajado a Bruselas el subdirector general de la PIDE, Barbieri Cardoso, y algunos temieron que hubiese ido a poner al tanto a los servicios de inteligencia de la OTAN de lo que se estaba tramando en Portugal. Otros, en cambio, optaron por analizar la coincidencia con las maniobras con mayor frialdad. Ya en sus reuniones preparatorias habían abordado varias veces los dos peligros exteriores que eventualmente tendrían que afrontar y para los cuales apenas podrían contar con la reacción patriótica del orgullo portugués.

Uno era la posible intervención de España si el gobierno de Marcelo Caetano decidía recurrir a la cláusula de defensa mutua del Pacto Ibérico que Franco y Salazar habían firmado en 1942. Y la otra, la intromisión de la OTAN si, de alguna manera, sus responsables podían interpretar que debían acudir en defensa del gobierno amenazado de un país miembro. Después de darle muchas vueltas y de estudiar a fondo los tratados existentes, a cuyas cláusulas secretas habían tenido acceso por vías inconfesables, la conclusión a que habían llegado los expertos de la Comisión Coordinadora del Movimiento era que ambos riesgos existían, por supuesto, pero eran mínimos.

España tenía muchos problemas en esos momentos como para meterse en una aventura tan arriesgada, tanto en el terreno militar como en el diplomático. Bastante tenía el nuevo gobierno de Madrid, presidido por el impopular Carlos Arias Navarro, con afrontar sus contradicciones, resolver el conflicto que tenía en el Sahara y preparar la sucesión de un general Franco enfermo y cada vez más debilitado políticamente, y todo ello en medio de un enorme vacío internacional, agravado con los ajusticiamientos del anarquista catalán Puig Antich y el delincuente polaco Heinz Chez. De todas formas, a pesar de este análisis, el plan de operaciones incluía un despliegue discreto de fuerzas en algunas comarcas fronterizas con España a cargo de los regimientos más próximos.

Respecto a la OTAN, la conclusión a que habían llegado tampoco era más inquietante. Los restantes miembros del Tratado eran democracias, menos la Grecia de los coroneles y la siempre dudosa Turquía, y todos sus gobiernos, incluido el griego y el turco, se sentían incómodos con la presencia entre ellos de un régimen que, a pesar de ofrecer una fachada constitucional, seguía siendo un residuo de los fascismos que a costa de tanta sangre y tanto dolor habían sido derrotados en la última guerra mundial. Muchos de estos países, además, estaban abiertamente en contra del colonialismo portugués y de las guerras que sostenía en África para mantenerlo.

Sería ilógico, coincidieron los conspiradores, que alguno de ellos se decidiese a intervenir en defensa de una dictadura y en contra de quienes, hartos de sufrirla, se estaban arriesgando para propiciar un sistema basado en las libertades, el respeto a los derechos humanos y la democracia, sin olvidar su propósito igualmente decidido de encontrar una solución para el problema colonial conforme a los principios y resoluciones de las Naciones Unidas. «Pierdan cuidado —concluyó uno de los expertos—: la OTAN no intervendrá».

Pero aquel atardecer, las costas portuguesas, aguas del estuario del Tajo incluidas, se fueron llenando de unidades navales con banderas de doce países diferentes y, al frente de todas, el imponente islote flotante que en la distancia parecía el portaaviones Forestal, con una dotación de artillería antiaérea, lanzamisiles de diferente calibre y decenas de aviones de combate y helicópteros a bordo. Sin embargo, la inquietud que, a pesar de los análisis optimistas de los expertos, despertaban las maniobras no era la única que durante la espera vendría a incrementar los temores y la tensión entre los conspiradores.

Faltaban sólo diez minutos para las once y todos los presentes en el puesto de mando contenían ya la respiración alrededor del transistor sintonizado con los Emissores Associados de Lisboa cuando llegó el primer parte de operaciones del único y muy discreto movimiento de fuerzas que se había hecho hasta ese momento. El oficial que se hallaba al mando del pelotón encargado de proteger a los dos generales informó al puesto de mando que las instrucciones se estaban cumpliendo alrededor de la vivienda de Spínola, pero no en torno a la casa de Costa Gomes. El general, recientemente destituido como jefe del Estado Mayor de las Fuerzas Armadas, a quien sus adversarios apodaban el Corcho, dada su capacidad para flotar en todas las situaciones difíciles, había abandonado el domicilio y apenas había dejado dicho que dormiría en el Hospital Militar, donde al día siguiente su mujer iba a ser sometida a un chequeo médico rutinario.

Sentado ante el micrófono, con las hojas del guion desparramadas sobre la mesa y la mente absorbida por mil pensamientos que se entremezclaban unos con otros sin orden ni concierto, João Paulo Dinis daba paso a los discos que el realizador del programa, Carlos Fernandes, iba colocando en el plato del control sin la viveza ni el humor de otras noches. Aunque hacía verdaderos esfuerzos por actuar con normalidad, las palabras no le salían, encontraba más dificultad de la habitual para pronunciar los nombres extranjeros y la imaginación de que siempre hacía gala en sus improvisaciones parecía haberle abandonado.

De vez en cuando se levantaba, estiraba los brazos y entreabría la puerta del estudio para echar una nueva ojeada impregnada de desesperación a los discos que se amontonaban sobre la consola del control. Aprovechando una pausa de publicidad incluso se acercó de nuevo a la discoteca en un nuevo impulso por ver si alguien había dejado ya en su sitio *E depois do adeus*, la canción que se había comprometido a emitir a las once menos cinco. Pero todos sus esfuerzos resultaban inútiles: no había rastro del disco y, además, ninguno de los compañeros a quienes preguntó discretamente por él tenían ni idea de adonde había ido a parar.

—¿Qué hacer? —pensó, haciendo crujir los dientes. Se le ocurrió de todo, desde ir a su casa a buscar el suyo hasta intentar comprarlo en alguna parte, pasando por correr a pedirlo prestado a otra emisora. Nada era factible: vivía muy lejos y no regresaría a tiempo; las tiendas a esa hora estaban cerradas y un disco no se conseguía en el estanco de la esquina. Además, no podía abandonar el programa y, por si todo fuera poco, seguía agobiado con serios temores de que sus movimientos estuvieran siendo controlados por los ojos de la PIDE, que todo lo veían, todo lo escuchaban y todo les parecía sospechoso. Miró el reloj una vez más y comprobó con desaliento que eran las once menos cuarto.

En más de una docena de acuartelamientos militares de Lisboa y alrededores, decenas de jefes y oficiales de las Fuerzas Armadas aguardaban con impaciencia junto a los transistores la señal imprescindible para entrar en acción. João Paulo se imaginó la frustración que sufrirían y sintió que la rabia le dominaba; apretó con fuerza los puños, la garganta le ahogaba y sintió unas ganas locas de romper a llorar.

El plan de operaciones incluía tres fases escalonadas, aunque muy interrelacionadas entre sí: primero, toma del mando de las unidades; segundo, ocupación y control de las emisoras de radio, de la televisión y del aeropuerto; y tercero, ocupación de los centros de decisión militar desde donde en buena lógica debería organizarse la resistencia de las fuerzas leales al Gobierno. Los estrategas del golpe consideraban fundamental mantener la unidad de mando, prolongar el secreto de las operaciones lo más posible y privar al enemigo de la capacidad para utilizar a su conveniencia los medios audiovisuales.

Todos los objetivos prefijados tenían en el plan el nombre en clave de un país o una ciudad extranjera. Así, los cuatro objetivos iniciales serían la ocupación de Mónaco (RTP, Rádio Televisáo Portuguesa), Tokio (Emissora Nacional de Radio), México (Rádio Clube Portugués) y Nueva York (aeropuerto de Pórtela). La ocupación del aeropuerto incluía la paralización de las operaciones. No se permitiría el despegue de ningún avión y los vuelos esperados a lo largo de la madrugada serían desviados a aeropuertos alternativos, unos a Madrid y otros a Las Palmas. Todos estos centros contaban con protección a cargo de la PSP (Policía de Seguransa Pública), cuyos agentes debían ser neutralizados por sorpresa, evitando el derramamiento de sangre e impidiendo que pudieran hacer llegar mensajes de alerta o emergencia a sus comisarías.

Respecto a las estaciones de radio, se consideraba prioritaria la ocupación de Rádio Clube Portugués. Era la emisora que por su cobertura y audiencia había sido elegida para transmitir los comunicados del Movimiento una vez que el golpe estuviera en marcha. Los componentes del grupo de comandos encargado del asalto de la estación no esperaron la señal convenida para abandonar su acuartelamiento. A las diez y media de la noche ya estaban en sus coches particulares, para pasar más inadvertidos, merodeando por los alrededores de los estudios, cerca del hotel Ritz y junto al parque Eduardo VII, desde donde la luna llena permitía contemplar una sensacional panorámica de la ciudad de Lisboa con sus tejados rojizos trepando por las empinadas colinas y el Tajo al fondo.

Mientras el jefe permanecía al volante de uno de los vehículos, con el oído atento a la radio, cuatro soldados pidieron permiso para tomar un café en el *snack* Pisca-Pisca que se divisaba en la esquina aún con las luces encendidas. Otelo recuerda, en *Alvorada em abril*, que cuando llegaron el establecimiento estaba casi cerrado, «las sillas sobre las mesas, vueltas las patas hacia arriba, y los camareros preparándose para salir».

—Entonces, ¿ya van a cerrar? —preguntó uno de los soldados.
—Sí, señor —respondió un empleado—. Hay que ir a descansar, que mañana tenemos que abrir de nuevo a las ocho.
—¿Por qué? Entonces, ¿ustedes van a trabajar mañana?
—Claro. Mañana, que yo sepa, no es festivo.
—No es, pero va a ser —garantizó otro del grupo.

Era seguramente el primer anticipo a los lisboetas, representados por aquel atareado camarero, de lo que les aguardaría al despertarse.

Tampoco los oficiales de la Escuela Práctica de Artillería de Vendas Novas que se hallaban comprometidos con el golpe tuvieron paciencia para esperar a escuchar la primera contraseña. A lo largo de la tarde habían estado preparando la unidad para recibir con todos los honores al día siguiente al ministro del Ejército, general Alberto Andrade e Silva, que iniciaba allí una visita oficial a los acuartelamientos de la región del Alentejo y, a pesar de lo avanzado de la hora —pasaban ya de las diez y media—, el coronel jefe, Mário Belo de Carvalho, seguía trabajando en su despacho.

Mientras los tenientes Sales Grade, Andrade da Silva y António Pedro permanecían atentos a la radio, otros cuatro oficiales, los capitanes Patricio y Mira Monteiro y los tenientes Ruaz y Nave, solicitaron verle con la aparente intención de aclarar algunos detalles concretos de la recepción que le sería brindada al ministro.

—¡Trincaron al Dinis! —exclamó uno de los oficiales que en el centro de mando del cuartel de Pontinha se agolpaban alrededor del transistor del mayor Lopes Pires.

Además de Otelo, Vítor Alves, Luis Macedo, García dos Santos, Sanches Osório, Pires y Vítor Crespo, el grupo ya se había incrementado con la llegada de varios oficiales más. Faltaban siete minutos escasos para las once de la noche y todos, a pesar de ser hombres forjados en la guerra y en las dificultades de la selva, sentían que sus corazones latían con fuerza. Una mezcla de miedo e ilusión, unida a la férrea determinación de hacer lo que sus conciencias les decían que debían hacer, dominaba al grupo. Sólo era ya cuestión de segundos el que sus planes se pusieran en marcha. Pero de pronto, como en el peor momento de una terrible pesadilla, la canción que se estaba escuchando se cortó abruptamente y el aparato se quedó mudo.

—¿Qué ha pasado? —preguntó uno de los presentes.

—¡Vaya radio de mierda que habéis escogido! —exclamó otro, seguramente dando rienda suelta al más grave presagio que en aquellos instantes les atemorizaba a todos.

—No es el aparato. Es un corte de la emisora —aclaró un tercero.

—¿Qué habrá pasado? No me digan que trincaron a João Paulo Dinis —recuerda Otelo que, dominado por el abatimiento, especuló en voz baja.

El capitán del Aire Costa Martins, uno de los oficiales que más había trabajado y más riesgos había asumido en la preparación del golpe, aguardaba en el coche, cerca de la iglesia de Fátima, el momento de dirigirse al objetivo que tenía asignado: el control del aeropuerto. Una vez reducidas las fuerzas policiales de seguridad, misión encomendada a tropas de infantería de Mafra, él entraría en el centro de control del tráfico y, pistola en mano, adoptaría las medidas necesarias para paralizar la actividad, pero sin descuidar ninguna de las previsiones necesarias para evitar cualquier posible accidente.

También su corazón latía con fuerza en espera de escuchar la voz de João Paulo Dinis, con quien había sido el primer encargado de entrar en contacto, anunciando la contraseña que debía poner en marcha el plan combinado de operaciones. Faltaban pocos minutos, segundos quizás, para la hora establecida cuando inesperadamente la radio de su automóvil enmudeció. Al principio el capitán no se lo quería creer. Movió el dial dominado por los nervios y comprobó, para mayor desesperación, que el aparato funcionaba perfectamente. Todas las emisoras de Lisboa entraban con potencia menos... los Emissores Associados. Apretó los dientes, sintió que el calor le subía a la frente, cerró los puños hasta producirse dolor en las manos y, al borde de la exasperación, empezó a golpear el volante como enloquecido.

El reloj del estudio de los Emissores Associados marcaba las once menos ocho minutos y el abatimiento, fruto de la impotencia y la desesperación, empezaba a adueñarse de la voluntad de João Paulo Dinis. Con la barbilla apoyada en la mano derecha y el brazo acodado en la mesa del locutorio, veía pasar los segundos con la angustia del padre que ve desangrarse a su hijo sin poder hacer nada para evitarlo. Presentó la canción siguiente con la inercia de la profesionalidad, aunque sin darse cuenta realmente de lo que estaba diciendo. Cuando se escucharon los primeros compases de la música, observó con la vista perdida en el vacío cómo Carlos Fernandes, el realizador del programa, colocaba el siguiente disco en el plato. Vio una carátula conocida, pero tan abatido se encontraba, se sentía tan fuera de este mundo que tardó bastantes segundos en percatarse de qué disco se trataba.

De repente se le cortó la respiración, el corazón le dejó de latir y el pelo se le tensó como si hubiera visto al diablo. Todo en décimas de segundo. Luego dio un salto en la silla y sus ojos se abrieron como platos. No podía ser. Fernandes, tras colocar la aguja sobre el disco que ya estaba rodando en el plato, cogió la carátula y, como tenía por costumbre, se la mostró a través de la cristalera.

—Da paso a este —le dijo por la baja frecuencia del estudio.

En aquel instante, el locutor sintió que se desmayaba. Junto a la alegría de la oportunidad de cumplir su promesa y de contribuir a la recuperación de la libertad para todos los portugueses, mil otras inquietudes empezaban a agobiarle de manera atropellada. Sonaban ya los últimos compases del anterior disco y João Paulo Dinis, que intentaba carraspear sin conseguirlo, notó que el sudor le corría como un torrente por la espalda abajo. Aquello no podía ser una casualidad, le repetía una voz interior. ¿Estaría metido en una trampa? ¿Sería su amigo Carlos Fernandes un infiltrado de la PIDE? Fernandes, mientras tanto, seguía manejando con soltura y absoluta tranquilidad los mandos de la mesa de control. Unos segundos antes de las once menos cinco, con la respiración contenida y el calor sofocándole las mejillas, Dinis le vio modular, con la seguridad con que siempre lo hacía, el final de la canción que estaba en el aire y, con las últimas notas disolviéndose, levantar la mano izquierda indicándole que podía empezar a hablar. En ese instante estaba aterrorizado temiendo que las palabras no le salieran. Pasaron en silencio unos segundos dramáticos hasta que, en un impulso de decisión, miró el reloj y con su buen tono vital de siempre, con su voz alegre y bien modulada, anunció:

—Faltan cinco minutos para las veintitrés horas. Con ustedes, Paulo de Carvalho con el Eurofestival 74... *E depois do adeus*.

Todas las voces habían enmudecido de pronto, contagiadas quizás por el silencio de la radio. Algunos oficiales presentes cerraron los ojos y aguardaron unos segundos, que se hicieron eternos, por el milagro de la recuperación de la señal radiofónica. Otros se cruzaban miradas de asombro en las que se reflejaban todas las preocupaciones y temores que en esos instantes sentían. Cuando, pasados unos segundos angustiosos, se reanudó la emisión, fue como si hubiese vuelto la luz en medio de la oscuridad: la música de la emisora les sacó a todos de su ensimismamiento. Estaba terminando una canción y enseguida, tras una breve pausa que a todos se les hizo eterna, se escuchó la voz animosa y optimista de João Paulo Dinis.

—¡Bravo! —se oyó un grito que retumbó en toda la sala.

—¡Silencio! —pidió alguien.

«... *E depois do adeus*», decía el locutor ya sobre los primeros compases de la música.

Otelo Saraiva de Carvalho escuchó unos segundos, se echó para atrás en la silla, se agarró la nuca con las manos y exclamó por segunda vez su frase favorita:

—*Alea jacta est*, como Julio César en el Rubicón. ¡Hala! Todos a sus puestos. —Hizo una pausa y comenzó a dar órdenes—: Cambiad de emisora. Vamos a sintonizar ya Rádio Renascença.

Nadie se preocupó por el corte de la emisión. Había sido un simple fallo técnico en el emisor.

En otro lugar de la ciudad, justo desde donde llegaba la canción de Paulo de Carvalho, en los estudios de Emissores Associados de Lisboa, João Paulo Dinis, el locutor que acababa de lanzar al aire la primera contraseña del golpe, se asomó a la puerta del estudio, miró al técnico que seguía modulando atento a algunos sobresaltos del fluido eléctrico y le preguntó:

—Entonces, ¿qué fue lo que pasó?

Carlos Fernandes le miró de frente, sonrió y se encogió de hombros.

—No sé qué estará pasando, hombre —continuó Dinis—pero tengo la impresión de que la revolución está en la calle.

El técnico volvió a mirarle y sin darle demasiada importancia, respondió…

—Ya. Ahora ya se puede decir: Otelo también habló conmigo. A ver si hay suerte.

Capítulo VII

«¿No hay nadie que le diga a nuestro comandante que está detenido?»

El intérprete alemán que traducía a Mário Soares estaba angustiado. El líder socialista portugués hablaba, hablaba, hablaba sin dejar una pausa para que él pudiera ir traduciendo sobre la marcha. Algunas veces levantaba la mano para intentar que se detuviese un instante, pero Soares estaba tan entusiasmado en su exposición que no se daba cuenta de que algunas de sus ideas podían perderse en el vacío. Además, el ministro alemán asentía sonriente, bien es verdad que... sin entender nada.

La conversación llevaba camino de convertirse en un diálogo entre el pragmatismo teutón y la ensoñación latina. Mário Soares anticipó a Georg Leber, ministro de Defensa, el planteamiento que pensaba comunicarle al día siguiente al canciller Brandt. La dictadura portuguesa se hallaba ante una encrucijada muy difícil. La situación interna se estaba agravando, no ya sólo por las exigencias de libertad y democracia de un pueblo harto de sufrir, sino también por un deterioro galopante de la situación económica que condenaba a amplias capas de población a vivir en condiciones de pobreza extrema y predisponía al descontento generalizado que empezaba a manifestarse.

La guerra colonial estaba volviéndose suicida. Nadie confiaba en poder ganarla. El control sobre Guinea que ejercían las tropas portuguesas era mínimo, y el gobierno independiente que los rebeldes habían proclamado hacía siete meses en Medina de Boé contaba ya con el reconocimiento de ochenta países, más que los que mantenían relaciones diplomáticas con Portugal. La guerra estaba absorbiendo el 50 por ciento del presupuesto nacional y, curiosamente, eran los propios militares los primeros que reclamaban una solución política.

El desánimo dentro de las Fuerzas Armadas, aseguró Soares, era enorme. Un mes atrás había habido una sublevación en el cuartel de Caldas de Rainha y, aunque había sido sofocada, la agitación en los cuarteles, lejos de disminuir, no había dejado de aumentar. Es más, tenía noticias muy fiables de que se estaba preparando un golpe contra el gobierno de Marcelo Caetano y todo parecía indicar que, tras el ensayo frustrado de Caldas, esta vez sería definitivo.

—Además, estoy seguro de que será pronto, tal vez esta misma semana —concluyó Soares.

El ministro escuchaba al traductor sin mostrar sorpresa. Cuando terminó, miró a Soares con cierto aire de conmiseración, tosió un par de veces, seguramente para pensar bien la respuesta, y le contestó:

—Yo no soy tan optimista como usted. Tenemos informaciones de la OTAN, de algunos servicios de otros países y de nuestra propia embajada en Lisboa que coinciden en descartar un golpe militar. No hay ninguna noticia fiable de que se esté preparando nada serio a corto plazo y, aunque efectivamente se enfrenta con múltiples problemas, la impresión general es que el gobierno está fuerte y que Marcelo Caetano conseguirá mantener el control.

Soares escuchaba al intérprete, movía la cabeza con gestos de desaprobación e intentaba intervenir sin éxito para rebatir al ministro. En la discusión que se abrió a continuación, Leber jugó siempre con la ventaja de unos informes y unos análisis contra los cuales el dirigente portugués apenas podía argumentar impresiones propias e informaciones de fuentes que tenía vedado revelar. A la hora del café, el ministro adoptó un tono paternalista y le dijo:

—Usted es un idealista, señor Soares, y está impaciente por cambiar los destinos de su país. Lo entiendo y le apoyaremos para que lo consiga. Goza usted de todas nuestras simpatías, pero le recomiendo tener paciencia y resignarse a vivir todavía algunos años más en el exilio. Usted analiza la situación como le gustaría que fuese y nosotros la contemplamos como desgraciadamente es en la realidad. Aún habrá que seguir trabajando mucho para cambiarla…

Mário Soares, su mujer y sus acompañantes se despidieron con cortesía de sus anfitriones. La cena había sido espléndida, pero la sobremesa les había producido un nudo en el estómago que les impedía sonreír con la generosidad que la situación requería. Las palabras del ministro habían sido un inesperado jarro de agua fría sobre sus esperanzas e ilusiones. En el viaje de regreso al hotel, ninguno de ellos abrió la boca. No hacía falta: todos estaban pensando lo mismo. El ministro quizás tuviese razón. Varias generaciones de portugueses habían venido soñando lo mismo desde hacía casi medio siglo.

Aún no había terminado de sonar la canción de Paulo de Carvalho cuando los tres tenientes que habían permanecido a la escucha en la Escuela Práctica de Artillería de Vendas Novas caminaban ya a buen paso por los pasillos del acuartelamiento en dirección al despacho del jefe de la unidad. En el antedespacho desenfundaron sus pistolas e irrumpieron sin llamar en el gabinete donde el coronel Belo de Carvalho daba las últimas instrucciones a los oficiales que habían pedido verle para la parada con que al día siguiente sería recibido el ministro.

El coronel, hombre claramente alineado con las posiciones más duras dentro del Ejército, quedó petrificado ante aquel grupo de subordinados que le encañonaba. Mientras el director de la Escuela digería su sorpresa en medio de un silencio casi sepulcral, los oficiales que ya se hallaban dentro del despacho se apresuraron a colocarse en diferentes ángulos para impedir cualquier movimiento extraño que, a la desesperada, pudiese intentar el coronel. Durante unos instantes fue tal la quietud que sólo se escuchaba el trepidar arrítmico de una máquina de escribir en uno de los despachos próximos. Hasta que el teniente Andrade Silva, sin dejar de apuntar al jefe, dijo dirigiéndose a los demás:

—¡Carajo!, ¿es que no hay nadie que le diga a nuestro comandante que está detenido?

El coronel, visiblemente descompuesto, apenas hizo el gesto de extender la mano para abrir el cajón de la mesa, donde guardaba la pistola, cuando una voz enérgica y amenazante de alto le detuvo en seco. Viéndose rodeado, y consciente de que aquello iba en serio, acabó por resignarse y dejarse conducir a un despacho donde permanecería encerrado bajo la custodia de dos de los oficiales que le habían detenido. Los otros se dirigieron al despacho donde seguía sonando la máquina de escribir y detuvieron al segundo jefe, teniente coronel Pereira do Nascimento, quien no terminaría nunca el informe que, con tanta ilusión, estaba elaborando para el ministro. Finalmente, ocuparon la central de comunicaciones y el capitán Santos Silva, en su condición de oficial más antiguo entre los miembros presentes del Movimiento de las Fuerzas Armadas, asumió la jefatura de la unidad. Todo fue tan rápido y sigiloso que nadie pudo dar una voz de alarma.

Todavía faltaba hora y media para la segunda contraseña, la que marcaría el punto de no retorno del plan, y cuatro horas para la hora H, en que debería desencadenarse el grueso de las acciones armadas, pero en Vendas Novas la suerte ya estaba echada. Los oficiales sublevados convocaron una reunión de suboficiales, furrieles y cabos presentes y en pocas pero firmes y convincentes palabras les expusieron la situación. Fue una reunión tensa al comienzo y casi eufórica al final. Todos los presentes levantaron el brazo cuando se les pidió su adhesión e inmediatamente comenzaron los preparativos para despertar a la tropa y ponerse en camino hacia su objetivo: fijar una posición sólida de ataque y defensa en la colina que en la margen izquierda del Tajo, en el término municipal de Aliñada, exhibe en lo alto el imponente monumento al Sagrado Corazón de Jesús.

Desde allí, con una amplia vista sobre el cinturón industrial de la capital, tendrían que asegurarse el control de los accesos al puente Oliveira Salazar, un buen ángulo de tiro contra los cuarteles que se consideraban más afines al Gobierno, y del dominio terrestre del estuario del Tajo, por donde podría llegar alguna reacción inesperada de los barcos de la Armada que pudiesen ser movilizados en defensa del régimen. En lo alto, atareados en instalar las baterías y en fijar las coordenadas de tiro, los artilleros de Vendas Novas no tuvieron demasiado tiempo para fijarse en los numerosos detalles que desde allí se podían contemplar sobre la difícil situación económica en que se encontraba el país.

La economía portuguesa naufragaba en múltiples contradicciones, y casi todas ellas con lectura negativa. Tenía una moneda fuerte, con el escudo a cubierto de devaluaciones, grandes reservas de oro improductivas y un déficit público insignificante. Para los expertos constituía un caso curioso la concepción anacrónica, casi medieval, con que el salazarismo manejaba las finanzas del Estado y orientaba la actividad económica.

La obsesión por ahorrar y el rechazo a endeudarse que década tras década había demostrado el viejo dictador parecían haber sido heredados por su sucesor. Marcelo Caetano, que asumió el poder exhibiendo ideas más abiertas y liberales que su antecesor, tampoco había sabido o había querido dar a la política económica el giro de modernización que necesitaba. La situación en abril de 1974 era, en opinión de todos los expertos, realmente catastrófica. Solamente los 2500 millones de dólares que los emigrantes, en gran parte considerados prófugos, enviaban a sus familias, más los ingresos que empezaba a reportar un turismo incipiente y poco estimulado permitían un cierto alivio a la balanza comercial, desequilibrada permanentemente por las compras de armas y municiones que la guerra requería.

La inflación en 1973 había sido del 20 por ciento, la más alta de Europa, y, lejos de ser controlada, seguía aumentando: en los tres primeros meses del año ya se había incrementado otro 10 por ciento. El sistema fiscal, anticuado y permisivo con el fraude, oprimía especialmente a los sectores sociales más desfavorecidos. El presupuesto nacional no contemplaba ni un solo escudo para promover o estimular el desarrollo industrial y tecnológico que hacía falta para elevar la producción. Cerca del 50 por ciento lo absorbía la defensa, es decir, el mantenimiento de la guerra en Guinea, Angola y Mozambique, y el resto apenas llegaba para mantener una administración pública tan lenta y burocratizada que parecía concebida para garantizar que el país no cayese nunca en la veleidad de progresar y modernizarse.

Los beneficios de las colonias, que con tanto sacrificio y tanto coste se estaban manteniendo, no llegaban a la metrópoli. A pesar del gran imperio que poseía en África y Asia, Portugal ofrecía unos indicadores de desarrollo más propios del Tercer Mundo que de un país europeo. El 40 por ciento de la población seguía viviendo de una agricultura explotada con los mismos métodos que en la época de los romanos. La gente del campo vivía francamente mal. Una gran parte trabajaba en los grandes latifundios a cambio de salarios que, muchas veces, apenas llegaban a los 50 escudos diarios, poco más de 100 pesetas.

La concentración de la propiedad agrícola, lo mismo que ocurría con la industrial y la financiera, era otro gran problema para la evolución económica. Algunos estudios que la censura nunca permitía divulgar a los medios de comunicación constataban que sólo cuatro propietarios de tierra (los duques de Palmeira y Cadaval, Posser de Andrade y Santos Jorge) poseían 95.000 hectáreas, la misma extensión que en otras regiones se repartían en pequeñas parcelas, cada vez más fragmentadas por los repartos de las herencias, 50.400 familias rurales. La emigración, en estas circunstancias, era la única salida que los jóvenes veían para su futuro. Pero tenían que hacerlo de manera clandestina y en condiciones de gran riesgo, porque el régimen prohibía abandonar el país a los hombres que se hallaban en edad militar.

No era fácil, desde luego, mantener tres frentes de guerra en tres países distintos. Los nueve millones de portugueses que habitaban los 93.000 kilómetros cuadrados de su territorio estaban haciendo un sacrificio extraordinario para conservar bajo su dominio a 15 millones largos de colonizados, repartidos por 2.200.000 kilómetros cuadrados en ocho territorios de dos continentes distintos separados unos de otros por miles y miles de kilómetros.

Pero si la miseria era la tónica dominante en las regiones rurales del país, tampoco en las comarcas industriales puede decirse que la situación fuese más halagüeña. El bloqueo internacional había cerrado a la industria portuguesa, y particularmente a sus textiles y vinos, muchos de los mercados tradicionales, y la incertidumbre sobre el futuro de las colonias, unida a la propia inseguridad que ofrecía el régimen, frenaba la necesaria reconversión que reclamaban muchos sectores. Todo ello sin olvidar el elevado grado de concentración de empresas en pocas manos, y a menudo manos entrelazadas familiarmente, en que se hallaba la propiedad de los principales medios de producción.

Seis familias, convertidas en grupos empresariales, controlaban más del 60 por ciento de la actividad bancaría y de la propiedad industrial. Sólo la familia Melo era propietaria de las cerca de doscientas empresas agrupadas en la llamada Unión Fabril, o grupo CUF. Sus actividades abarcaban los sectores químico, textil, alimentario, siderúrgico, metalmecánico, hotelero y, por supuesto, el financiero, con el Banco Totta e Azores a la cabeza. La familia Champalimaud, mientras tanto, controlaba las cementeras, la industria papelera, la producción de acero, las compañías de seguros y el banco Pinto e Sotto Mayor.

Finalmente, la familia Espirito Santo, además de su propio banco, dominaba la producción y comercialización de cerveza, la fabricación de neumáticos y, sobre todo, la explotación de los yacimientos de petróleo que se habían descubierto en el enclave angoleño de Cabinda. Los grupos que encabezaban las familias Quina (propietaria del banco Borges a Irmáo), Cupertino de Miranda (dueña del Banco Portugués do Atlántico) y de Jorge Brito (principal accionista del Banco Intercontinental y del periódico *O Século*), así como el grupo BNU, con el Banco Nacional Ultramarino, cerraban un círculo de poder económico poco permeable al pequeño inversor y fuera del cual era muy difícil para los nuevos empresarios abrirse camino.

Con todo, también era cierto que la gran industria sobrevivía a la crisis generalizada gracias a los bajos salarios y a los mercados cautivos que Portugal tenía en las colonias. Muchas empresas funcionaban en régimen de monopolio oficial, mientras que otras disfrutaban de un monopolio *de facto*, lo cual les permitía mantener una situación desahogada a pesar de los malos tiempos que corrían. Además, las empresas gozaban de la protección de un Gobierno que prohibía las huelgas («los intereses del trabajo no pueden poner en peligro los intereses del capital», decía uno de los principios del régimen) y perseguía cualquier veleidad de crear sindicatos libres al margen de las organizaciones verticales tuteladas desde el poder. Los grandes grupos empresariales eran propietarios, además, de los grandes medios de comunicación que no eran de titularidad pública, como ocurría con la televisión (RTP), la radio (EN) y la agencia de noticias (ANI), y los utilizaban a menudo como resortes de autodefensa de sus intereses.

Quizás sirva de ejemplo ilustrativo el hecho de que Portugal, además de ser el país más subdesarrollado de la Europa no comunista, era el único donde no había Coca Cola. Y es que, en clara contradicción con su aprecio por el buen café, el gobierno sostenía que la Coca Cola contenía cafeína y por lo tanto resultaba perniciosa para la salud. Claro que tanta preocupación por el bien dormir de los ciudadanos respondía a alguna razón más consistente. La poderosa multinacional de Atlanta no había conseguido imponer su capacidad para llegar a los rincones más insospechados del planeta a los intereses de una de las grandes familias protegidas por el régimen, que entre sus múltiples negocios contaba con una planta embotelladora de otra bebida refrescante de parecidas características, pero de éxito indudablemente menor.

El censor de servicio en los estudios de Rádio Renascença, la emisora de la Iglesia portuguesa, echó una ojeada rápida al guion que le mostró, muy encima ya de la hora, Carlos Albino, director del programa *Limite*, y se lo devolvió a su autor con un gesto de indiferencia. Nunca se fiaba demasiado de los responsables de aquel programa, pero aquella noche tenía sueño y... además, en un espacio de poesía y música como el que estaban grabando ya en el estudio, no era probable que incluyeran alguna inconveniencia. El periodista, que cada noche tenía que pasar varias veces por la misma humillación, ni siquiera se molestó en dar las gracias.

La preocupación le tenía en ascuas desde que unas horas antes había recibido una llamada de su amigo Alvaro Guerra, redactor del periódico *República* y quizás el periodista más comprometido con las actividades clandestinas de la oposición. Quedaron para tomar un café y, después de hablarle con gran ilusión de un movimiento militar que se preparaba para dar un golpe democrático, le pidió abiertamente su colaboración. Era necesario que aquella noche, entre las doce y las doce y media, emitiese en su programa una canción que serviría de contraseña para los oficiales que por todo el país estarían esperando una indicación para poner en marcha un plan destinado a acabar con la dictadura.

—¿Qué canción? —se interesó Albino.

—Una de «Zeca» Afonso, *Grândola vila morena*. Han estado dudando entre *Grândola* y *Traz um amigo também*, que podría convertirse en una invitación para incorporar al Movimiento nuevos apoyos, pero al final se inclinaron por *Grândola*. Les parece especialmente significativa la estrofa «O povo é quem mais ordena» («El pueblo es quien más manda»).

El periodista, hombre de convicciones democráticas e ideas progresistas, sintió una gran emoción al escuchar estas palabras. Le entusiasmaba la idea de que los militares se dispusieran a poner fin a la dictadura y le alegraba que hubiesen contado con él para colaborar en sus planes. A lo largo del día no había parado de darle vueltas al asunto. Le preocupaba lógicamente la responsabilidad asumida, le inquietaba, como es natural, el riesgo que iba a correr y dudaba sobre la mejor manera de llevarlo a cabo. El censor, que tenía ojeriza al programa, seguro, seguro que pondría algún reparo al guion en cuanto viese que incluía una canción de «Zeca» Afonso.

Después de darle muchas vueltas decidió compartir el compromiso con alguno de sus colaboradores más próximos. Al atardecer invitó a su adjunto para la producción, Manuel Tomás, a tomar un café en un bar de los alrededores. Tomás tampoco mostraba ninguna simpatía por el régimen ni era probable que se echase para atrás a la hora de hacer algo por derribarlo, pero aun así Albino no sabía cómo planteárselo. Además, estando el café a esas horas lleno de gente, cualquiera podía oírles e ir enseguida con la sospecha a la PIDE.

Salieron a la calle y caminaron un rato en silencio. Al llegar a la altura de una iglesia, Albino, que a pesar de trabajar en la emisora de la Conferencia Episcopal no se caracterizaba por su religiosidad, sorprendió a su compañero con la más extraña de las invitaciones que podría haber esperado de él:

—Oye, Manuel, ¿sabes que hace un montón de años que no entro en una iglesia? Ni me acuerdo ya de cómo es esta por dentro. ¿Entramos?

Manuel Tomás se encogió de hombros. La sugerencia le resultaba extraña, sí, pero… Entraron, echaron una ojeada rápida a las bóvedas y al altar sobriamente iluminado y, ya cuando se dirigían a la puerta, Albino le cogió del brazo y empezó a decirle…

—Oye, Manuel…

Manuel escuchó unos minutos sin percatarse de la importancia de lo que estaba oyendo. Luego sintió que las piernas empezaban a flaquearle y los dos, casi de manera instintiva, avanzaron hacia uno de los bancos del fondo, donde se sentaron a conversar en voz baja. La escena, imaginada años después, parece extraída de una película de la mafia siciliana. Manuel Tomás apenas hizo preguntas. Manifestó su apoyo a la idea y rápidamente se puso a pensar la mejor manera de llevarla a la práctica.

—Hay que empezar recitando la primera estrofa de la canción —dijo Albino.

—Se podría hacer un espacio sobre poesía y música y empezar con *Grândola* —sugirió Tomás.

—Pues sí —aceptó Carlos Albino.

De regreso a la redacción apenas hablaron más. Cada uno estaba abstraído en la tarea que le esperaba. Tomás decidió que el bloque de poesía y música se grabaría antes para evitar que hubiese ningún fallo y, para ello, él mismo escogería la música y se encargaría de dirigir la grabación y la edición del bloque. Albino, mientras tanto, le daba vueltas al guion que se había puesto a escribir y en el que incluiría algunas poesías propias y otras de autores consagrados. Miró al cielo azul y despejado, con la luna llena en su plenitud, y se quedó contemplando las macetas asomadas a las terrazas con toda la belleza de la primavera concentrada en una verdadera sinfonía de colores.

Capítulo VIII
El pueblo es quien más manda

El capitán Salgueiro Maia seguía con los codos sobre la mesa y los puños en la frente estudiando en todos sus detalles el plano de Lisboa. El mapa que tenía delante de los ojos había sido recortado de un folleto turístico en cuya portada aparecía el típico gallo de Barcelos dibujado en arabescos. Destacaban los monumentos y lugares típicos de la capital, pero en cambio no aparecía localizado prácticamente ninguno de los objetivos militares que habían fijado los golpistas. Apenas el Terreiro do Paço, la gran plaza cuadrangular que se abría al estuario por el oeste, estaba bien señalada, aunque en el mapa figuraba con su nombre moderno, Praça do Comércio.

En realidad, los lisboetas, siempre muy conservadores con las tradiciones de su ciudad, no habían aceptado el nuevo nombre de la plaza, que además no dejaba de ser una contradicción curiosa y hasta pintoresca. En contraste con su nombre, plaza del Comercio, era la única plaza de Lisboa que no albergaba ni un solo negocio. Todos los edificios, de color amarillo un tanto difuminado, alojaban ministerios u otros organismos de la Administración Pública. La gente siempre tenía muy presente, ante aquella plaza impresionante, los múltiples acontecimientos de la historia de Portugal de que había sido escenario en el correr de los años y, entre todos ellos, el que sin duda había tenido más trascendencia: el asesinato, el primero de febrero de 1908, del rey don Carlos y del príncipe heredero, don Luis Filipe.

El capitán marcó con bolígrafo algunos itinerarios y estaba calculando tiempos de desplazamientos cuando entró un compañero a comunicarle que había llegado inesperadamente al cuartel el segundo jefe de la unidad. El teniente coronel Sanches había estado cenando en casa de un capitán implicado en la conspiración. La invitación respondía a un doble objetivo: mantenerlo entretenido y al tiempo intentar convencerle de que, llegado el momento, se sumase a la revuelta. Hablaron mucho rato sobre el descontento dentro de las Fuerzas Armadas y ambos coincidieron en que se había llegado a una situación insostenible.

El capitán fue tanteando el terreno y acabó por anticiparle a su superior la gran probabilidad que existía de que se produjese un levantamiento. Incluso le comentó que la Escuela, donde ambos estaban destinados, podría desempeñar en ese caso un papel determinante. El teniente coronel asintió a los planteamientos de carácter general del capitán, pero rechazó frontalmente que su unidad pudiese adherirse a una iniciativa de esa naturaleza. Ante la falta de receptividad que observó en su interlocutor, el capitán decidió no dar más detalles y enseguida cambió el tema de la conversación. «A ver si voy a levantar sospechas ahora y resulta que el remedio resulta peor que la enfermedad», pensó. El capitán sospechaba dos cosas: la primera, que el coronel jefe a esas horas ya estaría detenido, y la segunda, que el teniente coronel se retiraría a su casa cuando terminase de cenar.

La primera era cierta, pero la segunda previsión no se cumplió. La conversación había dejado al teniente coronel inquieto y, cuando iba llegando a su residencia, algún presentimiento debió sentir porque de repente dio la vuelta y, sin pensárselo dos veces, se encaminó al cuartel. Allí le esperaban varias sorpresas, y ninguna agradable. El oficial de día había sido sustituido sin mediar orden superior alguna, y cuando intentó averiguar qué estaba pasando se vio rodeado por un grupo de tenientes y capitanes que, con muy buenos modos pero con ademanes decididos, le empujaron hacia su despacho al tiempo que le explicaban que necesitaban hablar con él.

Uno de los oficiales le expuso con pocas palabras lo que estaba ocurriendo. Aunque todavía estaban aguardando la segunda contraseña, la que tendría que determinar la orden de avanzar hacia los objetivos, el golpe ya estaba en marcha y sería muy difícil pararlo. El teniente coronel escuchó sin alterarse y, cuando le invitaron a ponerse de su lado y asumir el mando de la Escuela, rechazó la propuesta.

—Entonces —amenazó otro de los oficiales presentes—, tendremos que detenerle.

Sanches asintió en silencio y no opuso resistencia alguna a que le encerrasen. El mayor Costa Ferreira, en su condición de oficial de mayor graduación, asumió de forma inmediata la jefatura del centro.

Salgueiro Maia no daba muestra alguna de nerviosismo en medio de todos estos incidentes. Volvió a su cuarto y repasó de nuevo el contenido de la hoja verde en que se detallaba el plan de operaciones que su unidad debería poner en práctica. Al terminar, subrayó con bolígrafo rojo la parte donde se determinaba:

> 3. Entre las cero horas (00 h 00) y la una hora (01 h 00) del día 25 ABR 74, a través del programa de Rádio Renascença, será transmitida la siguiente secuencia:
>
> a) Lectura de la estrofa del poema: *Grândola vila morena.*
>   *Grândola, vila morena,*
>   *térra da fraternidade,*
>   *o povo é quem mais ordena*
>   *dentro de ti ó cidade.*
> b) Transmisión de la canción del mismo nombre, interpretada por José Afonso.
>
> 4. Cualquiera de las dos señales señaladas en los párrafos 2 y 3, aquella que fuese escuchada primero, confirma totalmente, por sí sola, el inicio de las operaciones, que a partir de entonces se tornan irreversibles para todas las unidades.

El programa *Limite* de Rádio Renascença acababa de comenzar.

La sombra del imponente castillo de Estremoz se proyectaba sobre la llanura alentejana contrastando con el encalado casi resplandeciente, a la luz de la luna, de las casas que se alzaban alrededor de la colina. Las calles de la villa estaban desiertas, los establecimientos públicos con las luces apagadas y, llegado el último huésped que estaba registrado, el portero de noche de la Pousada acababa de echarle al portón de madera de la entrada el grueso cerrojo de hierro forjado que tanto solía llamar la atención de clientes y visitantes. Una escena, anticipada por el chirrido de los goznes, que cada noche hacía recordar los tiempos medievales en que se izaba el puente levadizo y la ciudadela se quedaba aislada.

El silencio y la tranquilidad que se respiraba por toda la villa, famosa por sus pintorescos belenes naif de cerámica, contrastaba con la tensión y el nerviosismo que se estaba viviendo en los despachos y pasillos del centenario cuartel de Caballería que se alza en los alrededores. Había sido, a lo largo de las semanas en que se fue gestando el golpe de Estado, una de las unidades donde la iniciativa contaba con mayor apoyo. Sin embargo, el entusiasmo de parte de los implicados se había venido abajo de repente. Alguna información debió trascender en Capitanía, porque en cuestión de horas fue sustituido el segundo comandante del Regimiento y llegaron dos nuevos jefes en comisión de servicio cuyos aires de comisarios y talantes chulescos dejaban pocas dudas acerca de su carencia de convicciones democráticas.

Además, aquella tarde había regresado de Évora, después de participar en una reunión con otros colegas, uno de los oficiales comprometidos en la conspiración. Los que le vieron llegar observaron que traía el semblante serio y que se comportaba con modales huraños. En cuanto vio la oportunidad, convocó a su cuarto a los capitanes y tenientes también implicados y les transmitió su preocupación. Traía informaciones que le habían proporcionado otros militares en la ciudad, de que el mayor Otelo Saraiva de Carvalho estaba jugando con dos barajas, puesto que era prácticamente el único miembro de la Comisión Coordinadora del Movimiento que no había sido detenido a raíz de la sublevación en el cuartel de Caldas de Rainha. Algunos creían que era un infiltrado del Gobierno e incluso no faltaban quienes sospechaban que estaba trabajando para la PIDE.

Ninguno de los oficiales presentes se lo creyó, por supuesto, pero la duda quedó en el aire. Todos sabían que, en situaciones así, la guerra psicológica puede acabar siendo más peligrosa incluso que la guerra a cañonazo limpio, y algunos rechazaron sin reservas el infundio. Otros, en cambio, guardaron silencio y salieron pensativos de la reunión. «Era lo que faltaba un día así y en medio de la tensión que se respira en el cuartel», comentaron los incrédulos. Poco después, ante el transistor que debía traerles la orden de ponerse en marcha, los capitanes Andrade Moura y Alberto Fernandes se debatían en un grave dilema: ellos no se habían dejado intoxicar y estaban decididos a cumplir sus compromisos. Sin embargo, la posibilidad de quedarse solos llegado el momento de actuar era un riesgo que deberían sopesar.

El general António de Spínola terminó de leer los papeles que acababan de entregarle, se quitó con cuidado el monóculo que llevaba en el ojo derecho, lo colocó en la bandeja de plata que tenía en la mesilla de noche, apagó la luz e intentó dormirse. Aunque se sentía bastante desvelado, tenía abundantes razones para saber que al día siguiente le convendría estar en buena forma. Acababa de cenar cuando su ayudante, António Ramos, le había traído la confirmación de que el golpe sería esa misma noche.

El mayor Otelo Saraiva de Carvalho había pedido a Ramos que alertara al general y le dijese que a partir de las diez o diez y media contaría con protección asegurada por el Movimiento. También le enviaba una copia del plan de operaciones, todas las claves del sistema de transmisiones que habían establecido y el texto ya definitivo del programa que el Movimiento de las Fuerzas Armadas ofrecería al día siguiente como alternativa al régimen recién derrocado. El general lo hojeó todo y se detuvo especialmente en el plan de operaciones. El Programa del Movimiento ya lo conocía; él mismo había hecho una serie de correcciones en el borrador que los encargados de la redacción definitiva habían incorporado sin discutirlas, así que apenas lo miró.

El general Spínola despertaba sonrisas a veces por su aire decimonónico, acentuado por el monóculo que había adoptado como distintivo de su imagen anticuada y solemne, la fusta con que solía aparecer en público siempre que vestía el uniforme y los guantes de piel que ni siquiera en plena jungla tropical abandonaba. Era presuntuoso, ceremonioso y vanidoso. Sus modales versallescos se volatilizaban cuando estaba a solas con sus subordinados, ante los que se mostraba enormemente autoritario. No admitía opiniones distintas a las suyas ni aceptaba consejos. Su ambición no revelaba tener límites, aunque en los últimos tiempos parecía estar condenándole a un retiro anticipado en la quinta de Palmela, su finca favorita, donde poseía una buena cuadra de caballos.

La equitación era su consuelo y ocupación principal en aquellos días sin empleo. Había sido un buen jinete desde niño, lo cual le facilitó primero el ingreso y después una carrera brillante en la Escuela de Caballería del Ejército. Con sus cerca de sesenta años, todavía montaba casi a diario y lo hacía con buen estilo y no peor capacidad física. Acababa de ser destituido de su cargo y no parecía nada probable que el Gobierno le ofreciese ya ninguna función adecuada a su alto rango militar y a su imagen popular, ni tan siquiera que le recompensase los servicios prestados con la presidencia de alguna empresa pública, como solía ocurrirles a los generales que terminaban su carrera con una hoja de fidelidades al régimen fuera de toda sospecha.

Como contrapartida a tantos enemigos como se había ganado, también contaba con muchos admiradores entre los militares e incluso entre los civiles. Las leyendas africanas del general Spínola eran propagadas a menudo por los soldados que regresaban recién licenciados de la guerra. Entre los militares eran particularmente apreciadas sus dotes de mando, su disposición a estar siempre en el lugar de mayor riesgo y, por supuesto, el valor que había demostrado en las múltiples acciones bélicas que se recogían en su hoja de servicios. «Spínola —se decía— es el único general que siempre está donde está la tropa». En Guinea, donde había permanecido cerca de cinco años como gobernador, raro era el día que a una hora u otra no se enfundaba el uniforme de campaña y abandonaba por un tiempo el despacho para ir a visitar los frentes de donde procedían las noticias más preocupantes.

Las historias de sus hazañas le convertían en el general con más carisma y renombre. Entre las leyendas más conocidas, en las que siempre solía mezclarse algo de verdad y algo de imaginación del narrador, no faltaban las que le atribuían reacciones de auténtica crueldad con prisioneros cuando no muestras de sadismo capaces de poner los pelos de punta al más templado. Claro que todo ello había que contextualizarlo en un marco de guerra inevitablemente proclive a todo género de excesos. La biografía de Spínola había corrido siempre en paralelo con el régimen. En el año 36 participó como voluntario en la guerra civil española al lado del general Franco y cinco años después había estado con los nazis, bien es verdad que entonces como observador, en el frente de Stalingrado. Años después fue durante algún tiempo comandante en jefe de la Guardia Nacional Republicana, cuerpo de policía rural muy similar a la Guardia Civil española.

Allá por el año 1967, cuando su carisma empezaba a forjarse y las guerras coloniales empezaban a revelarse ya como imposibles de ganar, un día le llamó Salazar a su despacho y ambos hablaron cerca de una hora. El viejo dictador, que años atrás había tenido al padre de António Spínola como jefe del Gabinete, quería conocer su opinión acerca de lo que estaba ocurriendo en África. Le preguntó cuántos guerrilleros calculaba que tenía movilizados el PAIGC en Guinea y Spínola le respondió que, tirando por alto, no más de tres mil.

—Nosotros tenemos allí quince mil soldados bien preparados y bien armados. No entiendo cómo con una proporción de cinco a uno no somos capaces de terminar con ese problema.

Spínola movió la cabeza y le dijo:

—Señor presidente: ni con cinco ni con ocho ganaremos esa guerra. Para estabilizarla necesitaríamos mantener una proporción de doce soldados nuestros por cada guerrillero de ellos.

Salazar no se quedó nada satisfecho, pero poco después le encomendó ir a Guinea en una comisión especial de seis meses con el encargo de preparar un informe exhaustivo sobre la situación militar. Cuando medio año después regresó con el trabajo debajo del brazo, el dictador agotaba sus días en una silla de ruedas y su sustituto en el poder, Marcelo Caetano, le pidió que regresase a Bissau como gobernador. Antes de partir advirtió al Gobierno de que la guerra estaba perdida y que a lo único que podía comprometerse era a ensayar una nueva política de corte paternalista para, a través de programas de desarrollo de las comunidades rurales y de otras iniciativas orientadas a ganar las simpatías de los nativos, poder mantener algún tiempo más la situación.

Cuando regresó a Lisboa, en el verano de 1973, sus incondicionales empezaron a moverse en paralelo a los seguidores del general Kaúlza de Arriaga y a los promotores del recién nacido Movimiento de los Capitanes. Los spinolistas constituían en la confusión de aquellos meses un grupo moderado, partidario de devolver a las Fuerzas Armadas el prestigio que estaban perdiendo y de encontrar una salida al conflicto colonial sin llegar a acceder a las independencias que los movimientos de liberación en guerra reclamaban. Los mayores Carlos Fabião, Ramalho Eanes y Sanches Osório eran algunos de sus apoyos más conocidos.

Pero el grupo apenas llegó a constituirse. Casi sin que nadie se diese cuenta, poco a poco sus miembros se fueron integrando en el Movimiento, lo cual le permitió a Spínola estar al tanto, influir a distancia y condicionar las decisiones en torno a la conspiración, sin implicarse de una manera directa. Ratificó su influencia sobre el grupo a raíz de la publicación de su libro *Portugal e o futuro* y, sobre todo, el día en que fue destituido del cargo de subjefe del Estado Mayor de las Fuerzas Armadas, tras haberse negado, al igual que Costa Gomes, a participar en un acto de apoyo al Gobierno por parte de las más altas instancias militares, que fue contemplado en los cuarteles como humillante para la institución.

Muchos oficiales consideraron que el acto era una manifestación de vasallaje de las Fuerzas Armadas a la dictadura. La edad y la dudosa fortaleza física de los participantes es lo que había inspirado a la gente de la calle a apodar al grupo de generales y almirantes serviles como la «brigada del reúma» castrense. La iniciativa pronto se revelaría como de efectos contrarios. Aquel mismo día numerosos militares empezaron a ver con simpatía el Movimiento, y Spínola y Costa Gomes, protagonizando una actitud de dignidad sin precedente, se alzaron con una aureola entre la oposición que, hasta ese momento, nadie les habría augurado ni atribuido.

En el puesto de mando del cuartel de Pontinha, el nombre de Spínola apenas se escuchaba. Todos le llamaban por el apodo con que era conocido en Guinea por los nativos: «el viejo del cristal en el ojo». Otelo, quizás para facilitar la importación del apodo a la metrópoli, lo había reducido de forma sensible, y aquella noche quedaría rebautizado para el resto de sus días sólo como «el Viejo».

El capitán Vasco Lourenço, oficial de día en el cuartel general del Ejército en Ponta Delgada, no era capaz de estarse quieto ni un instante. Intentaba leer, pero no se concentraba. La radio no ofrecía nada de interés y en el cuarto de guardia no había televisión. De cuando en cuando se echaba la metralleta al hombro y salía a hacer un recorrido rutinario por los pasillos del acuartelamiento e inspeccionar los puestos de centinela. Todo estaba silencioso y en orden.

Volvió a su cuarto, se repantigó en la silla e intentó dar una cabezada. Luego, en la madrugada, tendría que estar bien despierto. Pero no consiguió pegar ojo. Miraba el reloj cada pocos minutos para comprobar que el tiempo se había detenido o que, por lo menos, las horas no pasaban. Tenía puesta la radio, porque sabía que la radio iba a ser su primera fuente de noticias, pero aún era pronto para que se supiera nada. Además, si daba alguna noticia tan temprano, mal asunto: sólo podía ser que la conspiración había sido descubierta, y eso, aunque era inevitable no hacerlo, no quería ni imaginárselo.

Se quedó pensando en lo que estaría ocurriendo en Lisboa, en Pontinha y en las diferentes unidades comprometidas en el golpe. Él era el que mejor conocía al grueso de los miembros del Movimiento; con muchos había coincidido en alguno de los puestos por los que había pasado y tenía confianza plena en el grupo. Pero tampoco se le ocultaba que el miedo es libre y que, en un momento como aquel, las tensiones y las dificultades se multiplican. Por otra parte, no había que menospreciar al enemigo: la dictadura contaba con muchos factores de su parte y quizás, en la euforia de algunas reuniones, habían subestimado su capacidad de reacción. El poder siempre disfruta de unos pluses de ventaja ante cualquier adversario.

Luego empezaron a desfilar por su memoria los recuerdos de la infancia, de la Academia, de las colonias y, enseguida, del largo proceso que, con un poco de suerte, culminaría aquella noche con la liquidación del fascismo. Había estado metido en la conspiración desde el primer momento, en el verano pasado, y creía haber sido el primero que, en el transcurso de una de las reuniones, propuso elevar los objetivos del Movimiento, que hasta ese momento eran sólo profesionales, y dar un golpe de Estado. Al principio no faltó quien se sobresaltó y hasta quien reaccionó escandalizado diciendo que a eso no jugaba, pero la idea no cayó en el vacío y fue aceptada casi sin discusión y sin necesidad de someterla a votación.

Enseguida le vinieron a la mente los recuerdos de aquella primera reunión plenaria en Évora, donde dieron el primer gran paso adelante. Habían decidido promoverla los que, visto ya con cierta perspectiva, podrían considerarse la primera célula del Movimiento: casi todos capitanes, Bicho, Camilo, Simões, Beatriz, Dinis de Almeida y él mismo. Estuvieron reunidos un buen rato en unos almacenes del Ejército y, después de hacer un repaso de la situación, coincidieron en que había que optar entre pararse ya o tirar para adelante a por todas. Dinis de Almeida, un joven inquieto, quizás demasiado impetuoso para encabezar una iniciativa así, se ofreció voluntario para organizar una asamblea general del grupo.

—Estoy pensando que podríamos reunirnos en una finca que tiene mi tío Celestino en el Alentejo... —sugirió.

La idea fue aceptada sin analizar pros y contras. Vasco Lourenço se responsabilizó de difundir la convocatoria y organizar el acceso de los participantes, y Dinis de Almeida quedó encargado de conseguir la autorización y de procurar la logística mínima necesaria. Por cierto que, al día siguiente, cuando fue a ver a su tío para pedirle permiso, no las tenía todas consigo. Le ponía en un compromiso al convertirle en anfitrión de una reunión como esa y muy bien podría decirle que no. Decidió suavizar un poco los objetivos.

—Queremos reunirnos a merendar un grupo de oficiales y de paso, hablar un poco de nuestra situación profesional. No sé si sabe que el Gobierno ha promulgado un decreto que perjudica claramente nuestras carreras… Es una decisión muy injusta y estamos intentando que la dejen sin efecto.

—¡Qué decreto ni decreto y medio! Siempre lo mismo: burocracia y más burocracia. Mira, estos son unos fascistas y lo que tenéis que hacer es acabar con ellos… —le respondió su tío, hombre impulsivo y frontal.

El capitán se quedó sin capacidad de reacción. Sabía que su tío no simpatizaba con el régimen, e incluso había escuchado alguna vez, siempre teniendo que acercar el oído para captar una conversación que, llegado a ese punto, bajaba de tono, que durante la guerra civil española la finca había sido un centro de refugio de republicanos extremeños que huían de la persecución del ejército nacional del general Franco. Pero de ahí a imaginarse la reacción de su tío iba un buen trecho. ¿Hablaría en serio?

—Entonces —carraspeó—, ¿podemos…?

—Podemos, podemos… Siempre lo mismo. Mira, si es para organizar una revolución, todo vuestro. Para tonterías, no presto la finca.

—Lo intentaremos, tío, lo intentaremos —respondió el capitán—, no puedo prometerle más.

Dinis de Almeida salió de la hacienda igual que si llevase alas puestas en los pies. Antes de regresar a Lisboa paró en tres o cuatro carnicerías de la ciudad y pueblos de los alrededores y encargó en, cada una, pequeñas cantidades de chuletas de cerdo, filetes de ternera, costillas de cordero, chorizos y bacón. No quiso encargarlo todo en un solo establecimiento para evitar sospechas. En el aviso en clave que los oficiales empezaron a recibir para la reunión, fijada para el domingo 9 de septiembre, una de las instrucciones era que no aprovechasen para comer en Évora —algo siempre tentador—, no fuese que los chivatos, que la PIDE tenía en muchos restaurantes, captaran alguna conversación comprometida o sospechasen al ver a tantos forasteros.

Había un problema para llegar a la finca, denominada Heredad do Sobral, y en la convocatoria se indicaba que el lugar exacto de la reunión sería dado a conocer entre las tres y las tres y media de la tarde en la plaza del templo de Diana, enfrente de la Pousada. Allí, al lado de un coche rojo con el capó levantado, simulando estar resolviendo algún problema en el motor estaría un miembro de la organización que entregaría a los interesados un plano para seguir hasta la finca. El conductor, aparentemente indignado con la avería que no lograba reparar, llevaba el pelo peinado a raya, con un mechón rebelde cayéndole sobre la frente, y era un hombre bien conocido de todos los oficiales que iban llegando: se trataba del capitán de Infantería Vasco Lourenço.

Cuando ya se aproximaba la hora de bajar el capó y poner en marcha el motor, primero porque ya se estaba agotando el tiempo y segundo porque ya no se esperaba a más participantes, Vasco Lourenço, sorprendido ante el elevado número de compañeros que habían acudido, sintió que el corazón le daba un vuelco. Incluso al recordarlo sentía que un estremecimiento le recorría la espalda. Vio a dos hombres que hacían fotografías y, en un momento determinado, uno de ellos sacó un bloc y apuntó la matrícula del último coche que se alejaba con el plano de la finca colocado en el salpicadero. Además, eran caras conocidas, le sonaban de algo. Dudó un instante, pero no, no había duda: uno era el general Moreira da Cámara, capitán general de la Región Militar del Alentejo, y el otro el brigadier Carrinho, el segundo jefe. Habían sido descubiertos.

Vasco Lourenço apenas dudó. «De perdidos, al río», se dijo. Su bien demostrada capacidad de reacción en los momentos difíciles le empujó a una reacción casi suicida. Se acercó a ellos, les saludó, se presentó y, tendiéndoles un mapa con el camino para llegar a la heredad, les preguntó:

—¿Vienen a nuestra reunión? Miren, el camino es este.

Los generales se quedaron desconcertados. Se miraron uno al otro y, tras unos instantes de vacilación, Moreira da Cámara, respondió:

—No, no. Estábamos dando un paseo. No teníamos noticias de la reunión.

—Es una reunión de convivencia entre compañeros y amigos de las academias y de nuestros diferentes destinos, pero aprovecharemos también para hablar de nuestros problemas profesionales. Todavía no se ha resuelto de manera satisfactoria el problema del decreto. Sería muy bueno que los señores generales asistieran.

—No, no nos va a ser posible —se disculpó Moreira—, pero sí les agradeceríamos que nos informasen de lo que hablen. Quizás podamos ayudarles a resolver el problema.

El incidente no empañó la reunión. Asistieron ciento treinta y seis oficiales. Las previsiones más optimistas de los organizadores, que contaban con cincuenta o sesenta, se duplicaron con creces. En el salón de la casa no cabían todos y fue necesario habilitar un nuevo lugar para la reunión: una nave dedicada a almacén, repleta de sacos de cereal y contenedores con abonos y aperos de labranza. La suerte obligó a unos cuantos, que a lo largo de la tarde se irían relevando, a quedarse fuera, protegiendo la reunión de la curiosidad de algún intruso. Los encargados de dirigir la sesión se sentaron en una carreta de bueyes con dibujos de colores en los costados y el resto se acomodó donde pudo: encima de los arados, en las sillas desmontadas de los caballos, sobre las cosechadoras e incluso en el suelo.

Entre los acuerdos destacaron dos de carácter meramente organizativo: quedó constituido formalmente el Movimiento de los Capitanes y, para hacer frente a los primeros gastos, hicieron una derrama de 50 escudos (unas 106 pesetas) cada uno. El futuro democrático de Portugal arrancaba así con un presupuesto que no llegaba a las 15.000 pesetas. El infatigable capitán Vasco Lourenço, que, como decían en broma sus compañeros, igual planchaba un huevo que freía una camisa, fue nombrado tesorero.

Recordándolo en el cuarto de oficial de día en el Cuartel General del Ejército en Azores, con el corazón latiéndole con fuerza, la cabeza dándole vueltas y un oído puesto en un transistor que no ofrecía más que música absurda, a pesar de la angustia que le embargaba el capitán Vasco Lourenço no pudo evitar una sonrisa. Se palpó el bolsillo y recordó que aún era probable que le hubiese sobrado algo.

Llegada del general António de Spínola al cuartel de Pontinha. Fue el primer presidente de Portugal después de la Revolución de los Claveles (© Inácio Ludgero).

Llegada de las tropas sublevadas a la Plaza de Rossio (© Inácio Ludgero).

Oficial de las fuerzas armadas sublevadas arenga
a las masas el 25 de Abril (© Inácio Ludgero).

Militares sublevados ovacionados por el público en la
Calçada da Ajuda, el 25 de Abril (© Inácio Ludgero).

Expresión de euforia por parte de civiles en el centro de
Lisboa subidos a un blindado el día de La Revolución de los
Claveles (Centro de Documentação 25 de Abril).

Civiles colocando una esvástica nazi ante la embajada de Chile,
que vivía bajo la dictadura de Augusto Pinochet (© Inácio Ludgero).

Niño del orfanato de Cascais ante la atenta mirada
de un militar sublevado (© Inácio Ludgero).

Almirante Américo Tomás, decimotercer presidente de la República Portuguesa bajo el Estado Novo.

General António de Spínola, primer presidente de la República Portuguesa tras el Golpe del 25 de Abril.

Junta de Salvación Nacional presidida por António de Spínola, a las 01:00 horas del 26 de abril, emitida por la Radiotelevisión de Portugal.

Marcello Caetano, primer ministro de Portugal derrocado tras La Revolución de los Claveles.

Antonio de Oliveira Salazar, artífice de un régimen autoritario, inspirado en el fascismo, y basado en la propaganda, la represión y la censura que asfixió a los portugueses durante cuatro décadas.

General Francisco Costa Gomes, decimosexto presidente de la República Portuguesa (segundo después de la Revolución de los Claveles).

João Pedro Miller Guerra, miembro de la llamada Ala Liberal de la Asamblea Nacional, que preparó el camino para las transformaciones democráticas, que propugnaba la Revolución del 25 de Abril.

Adelino Amaro da Costa,
miembro del grupo fundador del
partido democristiano CDS.

Álvaro Cunhal, secretario
general secretario general del
Partido Comunista Portugués,
entre 1961 y 1992.

Otelo Saraiva de Carvalho:
uno de los estrategas de la
Revolución de los Claveles. En
los años 1980 fue el líder de las
Fuerzas Populares 25 de Abril.

Mário Soares, secretario general del
partido socialista y presidente de la
República Portuguesa (1986-1996).

Francisco Sá Carneiro: Fundador del Partido Social Demócrata (PSD) y primer ministro de Portugal desde el 3 de enero de 1980 hasta su muerte en accidente aéreo.

General António Ramalho Eanes, presidente de la República Portuguesa entre 1976 y 1986.

José Saramago: Escritor portugués. Premio Nobel de Literatura en 1998.

Eleições para a Assembleia Constituinte de 1975

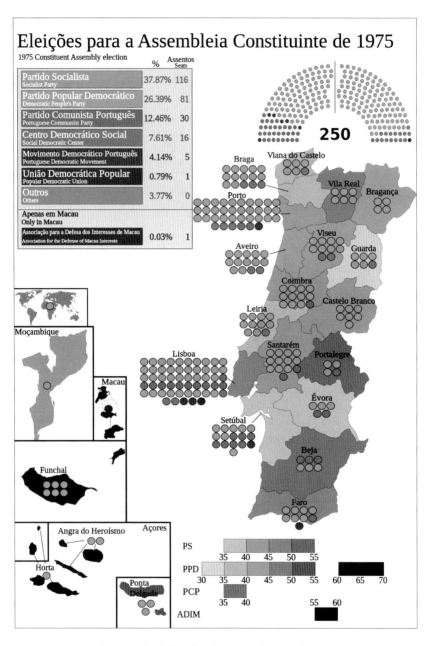

1975 Constituent Assembly election

	%	Assentos Seats
Partido Socialista Socialist Party	37.87%	116
Partido Popular Democrático Democratic People's Party	26.39%	81
Partido Comunista Português Portuguese Communist Party	12.46%	30
Centro Democrático Social Social Democratic Center	7.61%	16
Movimento Democrático Português Portuguese Democratic Movement	4.14%	5
União Democrática Popular Popular Democratic Union	0.79%	1
Outros Others	3.77%	0

Apenas em Macau
Only in Macau

	%	
Associação para a Defesa dos Interesses de Macau Association for the Defense of Macau Interests	0.03%	1

250

Resultado de las elecciones en Portugal para
la Asamblea Constituyente de 1975.

Palácio de São Bento, en Lisboa. Sede de la Asamblea de la República.

Praça de D. Pedro IV, más conocida por su antiguo nombre de Rossio.

Manifestación en la ciudad de Oporto, en 1983,
por el aniversario del 25 de Abril.

Febrero de 1975. Invitación manuscrita a los visitantes
españoles a derrocar la dictadura franquista.

Graffiti en homenaje al capitán José Salgueiro Maia, jefe de la unidad blindada que entró en Lisboa durante la madrugada del 25 de abril, en una pared de lisboeta.

Graffiti conmemorativo de la Revolución de los Claveles, en Algarve.

Pintura mural que alienta a mantener el espíritu del 25 de Abril.

Logotipo del Movimiento de la Fuerzas Armadas.

Retrato del músico José (Zeca) Afonso, autor
del mítico himno *Grândola, vila morena*.

Claveles disparados desde un mortero. Mural atribuido
Banksy, en alusión a la Revolución de los Claveles.

Mural conmemorativo que contiene la partitura del mítico himno *Grândola, vila morena* de Zeca Afonso, a la entrada de la ciudad de Grândola.

Capítulo IX
El Gobierno duerme

La espera empezaba a hacerse angustiosa también en el puesto de mando de Pontinha. Aquella noche las manecillas del reloj parecían haberse contagiado del reúma de los generales y almirantes que integraban la servil cúpula militar del régimen. Los oficiales allí concentrados no ocultaban en sus caras y en sus gestos la enorme tensión interior que estaban soportando. Apenas hablaban entre sí. Todos simulaban ocupación leyendo y releyendo el plan de operaciones, atentos por supuesto a los teléfonos y dispuestos a cumplir cualquier orden que llegase del jefe que, por vez primera en la historia de las Fuerzas Armadas portuguesas, había sido elegido de manera democrática.

De vez en cuando, Otelo Saraiva de Carvalho preguntaba en voz alta cosas que no tenían respuesta. Nada se sabía de lo que estaba pasando en las unidades, lo cual tendría que ser interpretado como una buena impresión. Todavía no había sido difundida la segunda y definitiva contraseña y, además, faltaban casi tres horas para la hora H, fijada en las tres de la madrugada. En ese momento todo el dispositivo tendría que entrar en acción y además debería hacerlo de forma coordinada. Los movimientos de unas unidades hacia determinados objetivos tenían que ser protegidos por otras, cuya misión era neutralizar las reacciones de fuerza que, sin lugar a dudas, se producirían en cuanto saltase la alarma.

Algo, entretanto, seguía ronroneando por la cabeza de todos los presentes. Había demasiada calma, todo parecía demasiado tranquilo. A esas horas era de temer ya alguna señal de alerta en las autodefensas del régimen. ¿Cómo era posible que la PIDE, que todo lo veía, todo lo escuchaba y de todo sospechaba, no hubiese detectado ya algo anormal? La posibilidad de que en el grupo hubiese algún infiltrado nunca había sido descartada. Aunque se habían hecho previsiones y el propio Movimiento había realizado sus pesquisas, ese riesgo era inevitable y no había sido bien atendido. Además, era inevitable que alguien hubiese hablado demasiado en algún lugar inadecuado o que hubiera cometido alguna indiscreción con su mujer... o con su amante. Había alguna sospecha fundada sobre esta posibilidad.

El mayor Sanches Osório levantó los brazos sonriente y reclamando atención. Llevaba los cascos puestos y parecía eufórico. Todo aquel lío de cables, enchufes, baterías depositadas en el suelo, teléfonos punta a punta, micrófonos y moduladores que García dos Santos había montado incluía también un sistema de interferencia capaz de entrar en la red de transmisiones del Gobierno. Y Sanches Osório, que además de oficial de Estado Mayor era ingeniero civil, entretenía su espera intentando auscultar el grado de tranquilidad con que la dictadura se había ido a la cama.

Al mismo tiempo que el golpe se ponía en marcha, los servicios de seguridad de las altas magistraturas del Estado y de las Fuerzas Armadas se esforzaban en poner a punto sendos dispositivos de seguridad en torno a dos viajes oficiales, ninguno de ellos carente de riesgos, según sus responsables, que deberían accionarse en las primeras horas de la mañana. Uno era la visita oficial del presidente de la República, el almirante Américo Tomás, a la ciudad de Tomar, donde se conserva un monasterio del Temple y donde le aguardaba un aparatoso recibimiento por parte de las autoridades locales. El otro era el viaje que el ministro del Ejército, general Andrade e Silva, iba a realizar por los acuartelamientos de la Región Militar del Alentejo. La primera parada sería en la Escuela Práctica de Artillería de Vendas Novas, cuyo jefe se comía las uñas de desesperación encerrado en un despacho y custodiado por dos oficiales armados con pistolas, subfusiles y granadas de su propia unidad.

—¡Bieennn! —estallaron a coro varias voces cuando Sanches Osório informó de lo que acababa de escuchar.

—El Gobierno duerme; eso está muy bien —se oyó decir a una voz solitaria.

En los estudios de Radio Renascença, en el barrio del Chiado, a pocos metros del Gobierno Civil de Lisboa, los responsables del programa *Limite* que acababa de salir al aire daban el visto bueno al espacio de poesía que habían estado preparando con tanto interés. La lectura la había hecho el locutor Leite de Vasconcelos, y Manuel Tomás, que había elegido la música, realizó la grabación. Duraba once minutos, uno más de lo previsto, pero como iba a ser emitido en un *magazine* de dos horas, un minuto más o menos carecía de importancia.

Había quedado muy bonito, aunque algunas de las poesías chocaban un poco con el habitual aire modernista e innovador que el programa tenía. Carlos Albino, preocupado siempre por las reacciones imprevistas del censor, optó por lo seguro: solamente los versos de «Zeca» Afonso podían suscitar algún reparo, pero eso, discutiéndolo, podía arreglarse. De todas formas, el censor ya había dado el visto bueno al guion y Manuel Tomás llevó directamente la cinta al control de emisión. Albino, entretanto, se había acercado con discreción a la central telefónica y se esforzaba por mantener la conversación con la telefonista, atento a las llamadas que veía que iban entrando, no fuese a recibirse alguna contraorden y no le llegase a tiempo.

—Hay que emitirla a las doce y veinte —le dijo al técnico, José Videira—. Carlos tiene mucho interés en que se emita a la hora precisa porque tiene en casa unos invitados italianos que quieren grabarlo.

También hizo la advertencia al locutor de servicio, Paulo Coelho, contratado unos días antes para colaborar con su voz en el programa. Era nuevo, por lo tanto, en la emisora y, como profesional avispado, lo primero que entendió muy bien es que, entre las cosas verdaderamente sagradas que existían en la emisora de la Iglesia, una era la adoración por la publicidad. Ya dentro del estudio se distrajo un poco del reloj y a las doce y diecinueve minutos dio paso a un disco. Cuando desde el control le hicieron señas de que se había equivocado y que debía anunciar el especial de poesía, se armó un pequeño lío y, al oír que la música empezaba a disolverse, se lanzó a leer el largo bloque de anuncios que aparecían en la pauta comercial.

Manuel Tomás lo escuchó desde la redacción, fue corriendo al control y sacudió con fuerza al técnico de sonido, que también se hallaba desconcertado intentando colocar a tiempo las cuñas para evitar un desaguisado con la publicidad, lo cual podría costarle el puesto, y sin saber cómo hacer para que el locutor, sentado al otro lado de la cristalera, interrumpiera el bloque de anuncios y diera paso al espacio de poesía. Ya concluiría con la publicidad después. Pero, dentro del estudio Paulo Coelho, enfrascado en los mensajes publicitarios y muy temeroso de cometer algún error que la gerencia de la emisora no le perdonaría, seguía leyendo con la vista clavada en los papeles. Cada vez que la levantaba un poco, veía a sus compañeros discutir y hacer unos aspavientos que le desconcertaban y ponían nervioso.

Pasaban ya bastantes segundos, quizás más de un minuto de las doce y veinte cuando, con una audiencia especial de centenares de militares montando guardia ante los transistores, el técnico hizo caso por fin al realizador. Al terminar un anuncio cortó el sonido del estudio y un poco a capón, sin esperar la introducción en directo que estaba prevista en el guion, pinchó la cinta colocada en el magnetófono número uno. Se escucharon unos compases musicales y, enseguida la voz bien modulada de Leite de Vasconcelos empezó a recitar...

> Orándola vita morena, térra da fraternidade, o povo é quern mais ordena...

El último verso se pisó ya con la voz suave, melódica y firme de «Zeca» Afonso, el excelente baladista alentejano a quien el salazarismo odiaba por subversivo.

En el control de Radio Renascença nadie lo pudo disfrutar. Paulo Coelho, que se había quedado con la palabra en la boca sin entender nada, salió indignado y se puso a gritarle al técnico. Carlos Albino, que no cabía en sí de emoción, regresó de la centralita y se encontró con todo el equipo discutiendo a voz en grito. El técnico, que tampoco entendía demasiado aquellas prisas que les habían entrado a los jefes por emitir un espacio que tampoco tenía nada del otro jueves, se encogía de hombros y repetía que él no había hecho otra cosa que cumplir órdenes. Nada conseguía calmar al locutor, que, cada vez más exaltado, gritaba que las cosas que ocurrían en aquella emisora no las había visto nunca.

Los gritos atrajeron a otros empleados de la emisora y, confundido entre ellos, hasta el censor se acercó a ver qué pasaba. Cuando se calmaron los ánimos y cada cual volvió a su puesto, el agente de la Comisión de Censura buscó el guion entre los papeles que llenaban la cesta que tenía sobre la mesa y empezó a repasarlo de nuevo. Era extraño, pensó, que de repente les entrase tanto interés a aquellos chicos por la poesía.

Como impulsados por un resorte, cientos de militares en diferentes lugares del país saltaron al mismo tiempo en sus asientos al escuchar *Grândola*, La tranquilidad con que dormía la tropa en decenas de cuarteles se vio alterada enseguida con una actividad poco frecuente a esas horas. A veces eran movimientos sigilosos de un lado para otro y órdenes en voz baja que corrían de boca en boca; otras eran carreras por los pasillos, taconazos que retumbaban en la oscuridad de una forma extraña y órdenes de mando bien reveladoras de que algo muy grave estaba ocurriendo.

El cornetín de la Escuela Práctica de Caballería de Santarém dormía como un bendito cuando se sintió zarandeado por alguien que le decía.

—¡Venga, despiértate! Tienes que tocar diana…

—¿A estas horas? —acertó a preguntar, intentando con dificultad abrir los ojos.

—¿Qué cojones importa la hora? Date prisa. Vístete y ven ahora mismo al cuarto de guardia.

Instantes después, el cornetín rasgaba la noche con el penetrante toque de diana y toda la unidad, más de quinientos hombres, se ponía en pie. Los tenientes que se habían hecho con el control del acuartelamiento mandaron formar y, con la tropa en posición de descanso, explicaron las razones del madrugón. El Movimiento de las Fuerzas Armadas estaba dispuesto a poner fin a tantos y tantos años de dictadura y la Escuela había sido honrada con el encargo de marchar sobre Lisboa y ocupar algunos centros neurálgicos para el Gobierno. No se quería obligar a nadie a participar en una iniciativa así, y las arengas terminaron pidiendo voluntarios.

—A ver, quienes quieran participar, que den un paso al frente.

Primero fueron los sargentos, luego los furrieles y los cabos y por último, los soldados. Ni uno solo en las diferentes compañías se quedó quieto. Ni uno solo pareció dudar. Entonces se planteó un problema. El plan contemplaba que una parte de la guarnición avanzase sobre Lisboa y la otra se quedase para defender la Escuela y proteger la retirada de sus compañeros, en el caso de que la marcha sobre Lisboa fracasara, pero nadie quería quedarse. Todos deseaban estar en primera fila en el asalto a la capital. Fue necesario hacer una selección y cerrar una promesa: toda la unidad compartiría los éxitos y los posibles fracasos de la operación y todas las funciones que realizase el Regimiento tendrían a partir de ese momento el mismo valor.

En poco más de una hora, el grupo estaba equipado y listo para partir. La columna que debería marchar sobre Lisboa estaba compuesta por doscientos treinta y un hombres, con siete oficiales al frente y divididos en dos escuadrones, uno de reconocimiento y otro de ametralladoras. En total, una treintena de vehículos: doce transportes de tropa, dos ambulancias, un *jeep*, un coche civil y los catorce tanques que, con esfuerzo y habilidad, habían sido puestos en servicio la víspera. El material bélico más moderno y cuya adquisición se comía una gran parte del presupuesto nacional estaba en las colonias. En los acuartelamientos de la metrópoli, convertidos de hecho en simples centros de instrucción, «sólo quedaba la chatarra». El coche civil iba dos o tres kilómetros por delante, conducido por un oficial, y tenía como misión anticiparse para hacer un reconocimiento del itinerario.

Salgueiro Maia, cuya jefatura nadie cuestionaba, echó un último vistazo al material y, dirigiéndose a los hombres que aguardaban formados la orden de incorporarse a sus puestos, les dirigió una breve arenga:

—Hay momentos en la vida —les dijo— que por su importancia nos trascienden, y este es uno de ellos. Ante el estado de injusticia y negación de nuestra libertad a que hemos llegado, y ante las nulas esperanzas puestas en que vengan mejores días, la única solución es cambiar el régimen, y no para sustituirlo nosotros por otro, no; de lo que se trata es de que, a través de la libertad y la democracia, el pueblo pueda escoger su destino. Hay en el mundo varios tipos de Estados: liberales, socialdemócratas, comunistas, etc., pero ninguno es peor que el Estado que tenemos. Así que, soldados, es urgente acabar con él.

Terminó preguntando otra vez si alguien quería quedarse y la respuesta fue firme: «¡Noooo!». Mientras hablaba notó un instante que se le iban las ideas. Fue la consecuencia de un presentimiento extraño. Nada más terminar su alocución, antes de dar la orden de subir a los vehículos, echó una última ojeada al armamento. ¡Menos mal!: los nervios le habían jugado una mala pasada al cadete Rodrigues, responsable del municionamiento de los carros. El calibre del armamento incorporado a los blindados era de 7,62 milímetros y, en cambio, los proyectiles embarcados eran de 7,9.

Antes de ponerse en marcha, subsanado el grave error de la munición, el capitán Salgueiro Maia, que precedería a la expedición en un *jeep*, voceó la última instrucción:

—Nadie debe hacer fuego antes de que yo lo ordene.

Y de un salto subió al *jeep*, hizo un gesto con el brazo de avanzar, cogió el teléfono de campaña y la expedición se puso en marcha. Cuando la columna asomó a la calle, al doblar la esquina del cuartel, los dos adormilados ocupantes de un coche negro que, desde hace días, se pasaba horas y horas aparcado al lado de la gasolinera se despertaron con el estruendo de los tanques y se quedaron mirando el espectáculo con unos ojos abiertos como platos.

Nada más pasar el último blindado, el automóvil se puso en marcha, giró a la derecha y se dirigió a la comisaría de Policía de la plaza. Unos minutos después, el télex con la información de que dos agentes de la PIDE en servicio habían comprobado que una columna de tanques de la Escuela Práctica de Caballería de Santarém acababa de abandonar sospechosamente el acuartelamiento llegaba a la mesa del oficial de guardia de la PSP en Lisboa. El inspector la miró por encima y pensó:

—¿Y eso qué interés tiene?… Habrán salido de maniobras, que es lo lógico. Estos capullos de la PIDE siempre están viendo fantasmas.

Otelo se quedó con la mirada fija en el plan de operaciones. Había llegado punteando con un lápiz al final de la primera página. Pasó la hoja, consultó otra vez el reloj, y comentó:

—Estamos en la hora H.

En la mesa de al lado algunos compañeros hablaban por teléfono. Una pregunta que nadie se atrevía a formular en voz alta flotaba en el ambiente: ¿estaría todo evolucionando conforme a lo previsto? El mayor repasó el plan, que de tanto darle vueltas ya casi se sabía de memoria, y subrayó un par de líneas. Había sido preparado por varios expertos y, sobre el papel, no podía fallar. Claro que en situaciones así eran muchos los imponderables que podían hacer que la mejor planificación táctica se fuese al traste.

El plan contemplaba la división del país en tres sectores: Norte, Centro y Sur. Unas unidades tenían encomendada la misión de alcanzar determinados objetivos, todos ellos bien especificados y con un nombre en clave que era el de una ciudad extranjera o un país, y otras deberían permanecer a la espera, unas veces cubriendo a las que estaban realizando las operaciones y otras preparadas para cortar el paso a las fuerzas leales al Gobierno que previsiblemente saldrían a intentar recuperar el control de la situación. Cada objetivo contaba con una avanzadilla y una retaguardia de protección.

Los objetivos básicos eran —Otelo no se cansaba de repasarlos— tres: en primer lugar, el control de los medios audiovisuales de comunicación y, sobre todo, la televisión (RTP), la radio nacional (EN) y Rádio Clube Portugués (RCP); en segundo lugar figuraba la ocupación de los centros estratégicos de la capital y de los edificios más importantes de la Administración Pública y Militar; y por último, y en algunos casos en paralelo, la detención del presidente de la República, del presidente del Consejo de Ministros, de los ministros más representativos del régimen y de los altos jefes militares.

Algunas unidades tenían encomendados movimientos de distracción, sin más objetivo que confundir al enemigo cuando empezase a recibir informaciones y no supiese muy bien a dónde atender primero. Los jóvenes oficiales integrados en el Movimiento tenían una experiencia a la hora de moverse con rapidez y sigilo en un escenario de guerra que sus laureados generales, relajados en el confort de los despachos y el diletantismo de las recepciones, ya habían olvidado. Una gran parte de la estrategia que pequeños y discretos grupos armados estaban empezando a desplegar por las calles de Lisboa no la habían estudiado sus responsables en la Academia Militar; la habían asimilado, después de sufrirla en sus carnes, viéndola desarrollar en Angola, Guinea y Mozambique a los guerrilleros del PAIGC, el FRELIMO, el MPLA, el FNL y UNITA.

Capítulo X
Hay que tener cuidado con los capitanes

La bandera nacional hizo una onda movida por una suave brisa invisible en la pequeña pantalla y se fundió con la carta del ajuste al mismo tiempo que un pitido alertaba a los telespectadores más despistados o tal vez medio adormilados del final de la emisión. El último informativo de la noche acababa de dar cuenta de la marcha de las elecciones francesas, de algunos problemas crónicos de Oriente Medio, del peligro de una guerra comercial entre la Comunidad Económica Europea y los Estados Unidos y, lo peor de todo, la noticia de que el Sporting de Lisboa acababa de ser eliminado de la Copa de Campeones.

También ofreció una previsión meteorológica poco atractiva para las veinticuatro horas siguientes: el anticiclón de las Azores estaba empezando a dar paso a un frente frío que, a punto ya de penetrar en la península, iba a provocar un inmediato descenso de las temperaturas y un riesgo de precipitaciones intermitentes en las regiones norte y centro del país. Uno de los técnicos de servicio en el control de emisión echó una ojeada al panel de señales, comprobó que todo estaba apagado y les dijo a sus compañeros:

—Mañana y pasado libro, así que hasta el lunes no me veis el pelo. No os olvidéis de traer el paraguas.

A esas horas las despedidas eran rápidas. El que más y el que menos o estaba deseando volver a casa o tenía a alguien esperando por los alrededores para ir a bailar o a tomar una copa. Un conserje de guardia recorrió el área de maquillaje, el estudio de informativos y el área de control central y continuidad, apagó las luces que se habían quedado encendidas y cerró algunas puertas. Detrás iba dejando el silencio que unas horas después volvería a convertirse en una verdadera algarabía. Sólo en el área de montaje, contigua a la redacción, quedaban cinco o seis personas preparando, como siempre a última hora, algún programa para el día siguiente.

Al salir al patio, el conserje escuchó frenazos de coches y algunas voces que, tanto por el tono como por la hora, le extrañaron. «Alguien al abandonar el aparcamiento ha debido darse de bruces con otro coche —pensó—, estarán discutiendo. Está muy mal esa rampa de acceso a la estación. Cada vez que se cruzan dos camiones de exteriores el follón que se arma es terrible —seguía reflexionando el hombre mientras revisaba puertas, ventanas y luces—. Pero la Administración no hace nada por arreglarlo...». Sus reflexiones se quedaron cortadas en un sobresalto. Instintivamente se tapó la cara y se echó a un lado. Fue como en las películas de guerra: primero se escuchó un «ta, ta, tatatatatata...». Pero no podía ser una película, no. La emisión ya estaba cerrada, y aunque estuviese en el aire tampoco iban a escucharse así los tiros en el patio. Además, él había hecho la mili y sabía distinguir muy bien el sonido de los disparos cuando eran de verdad: aquello había sido una ráfaga de metralleta... una, no: dos, porque la segunda estaba sonando de nuevo, rompiendo otra vez el silencio.

Y es que, de pronto, en la rampa de acceso a los estudios de la RTP, en el barrio de Lumiar, habían irrumpido varios vehículos del Ejército (dos *jeeps* y cinco *berliets* para ser precisos), repletos de soldados armados con ametralladoras y metralletas. Al llegar a la recepción, y ante la atónita mirada de los tres guardias de la Policía de Seguridad Pública encargados de protegerla, los militares empezaron a saltar y a colocarse en diferentes ángulos. Uno de los primeros era un capitán empuñando una pistola. Dos de los policías se cuadraron al verle, pero el tercero reaccionó llevando la mano derecha a su arma.

—¡No se mueva! —gritó un alférez que se había situado a la izquierda del capitán y apuntaba con una metralleta.

El policía, con la boca abierta y la mano derecha a escasos centímetros de la pistola, se quedó paralizado. El alférez Geraldes levantó el cañón del subfusil, apuntó instintivamente a la marquesina de los comedores del personal y apretó el gatillo. En ningún otro lugar de Portugal se habían escuchado jamás tantos disparos falsos como en aquel recinto, pero aquella madrugada, por primera vez en la historia de la Radiotelevisión Portuguesa, los disparos eran de verdad. Protegidos por varios soldados, dos sargentos se acercaron a los guardias, cuyos rostros reflejaban miedo y sorpresa, y les requisaron las pistolas.

—Quedan ustedes detenidos —fue lo único que entendió uno de ellos.

Uno de los oficiales llevaba un croquis de las instalaciones que unos días antes había hecho a mano siguiendo las descripciones de un antiguo colaborador, el periodista Adelino Gomes, y guiándose por él empezó a dar órdenes que los soldados cumplían a la carrera.

La compañía de guarnición en la Escuela Práctica de Administración Militar había sido despertada un poco antes de las doce y media. Toda la oficialidad estaba comprometida con el Movimiento de las Fuerzas Armadas y, por lo tanto, allí no fue necesaria ninguna detención. La tropa mostró un poco de sorpresa cuando, aún en el primer sueño, oyó tocar diana, pero cuando, ya formada, escuchó las explicaciones de uno de los tenientes, ninguno opuso reparos a cumplir el servicio en condición de voluntario.

La salida estaba prevista en el Plan de Operaciones justo a la hora H: las tres. La televisión era considerada un objetivo estratégico fundamental. Era el primer medio que debía ser ocupado. Los responsables del golpe tenían bien claro que, sin la televisión, el Gobierno iba a tener muy difícil echar mano de uno de los recursos con que solía contar en los casos de apuro: una reacción de sus seguidores en la calle que impidiese consumar el golpe con rapidez y sin un alto coste en vidas humanas. Bastante sangre, bastante dolor y bastantes lágrimas había costado ya la dictadura.

Marcelo Caetano había descubierto el poder de la televisión y, a diferencia de su antecesor, que cimentaba su carisma en la distancia y en la inaccesibilidad, él echaba mano de las cámaras con mucha frecuencia. Nada más acceder al cargo había institucionalizado las famosas *Conversaciones en familia* con las cuales pretendía dar la sensación de que entre el Gobierno y el pueblo no había secretos. Unas veces se asomaba a la pequeña pantalla y hablaba a la gente con un tono paternal y hasta cierto punto cordial sobre los problemas existentes y los proyectos del Ejecutivo, por supuesto siempre en tono positivo y tranquilizador, cuando no moralizante. También solía responder a algunas preguntas, con lo cual, además de hacer llegar de manera convincente su mensaje, daba una imagen de hombre abierto y dialogante que le alejaba cuando menos del mesianismo de Oliveira Salazar.

Los cien hombres escogidos para asaltar la televisión y mantenerla bajo su control hasta que la situación se normalizase actuaron con una rapidez sorprendente. A las tres menos cuarto ya estaban a bordo de los vehículos y equipados con el armamento necesario y la munición adecuada. Además de las armas ligeras que portaba cada uno, fusiles G 3 y metralletas de asalto, los vehículos habían sido dotados de ametralladoras Bren. Hartos de esperar por una hora exacta que no llegaba, a las tres menos cinco el jefe del comando, el capitán Teófilo Bento, dio la orden de partir. El objetivo estaba apenas a dos kilómetros, aunque para alcanzarlo había que salvar algunas direcciones prohibidas dando algunos rodeos.

El convoy bordeó el estadio de Alvalade, escenario de las hazañas deportivas del Sporting, penetró en la avenida de As Linhas das Torres y, antes de llegar a la estación de gasolina, giró a la derecha y se adentró por la rampa estrecha y mal asfaltada que accedía a los estudios de la RTP. Todo fue muy rápido. Nadie en el interior de la televisión tuvo tiempo ni seguramente voluntad para levantar el teléfono. Contra las apariencias, tampoco allí el régimen gozaba de simpatías generalizadas. La única llamada telefónica la hizo el capitán Bento después de comprobar que todos los puntos clave de las instalaciones estaban protegidos por sus hombres. Pero para hacerlo no utilizó los teléfonos de la casa. Se fue a su *jeep*, empuñó el micrófono del transmisor de campaña y dijo:

—Habla el mayor de Lima cinco. Acabamos de ocupar Mónaco sin incidentes.

A las tres en punto, en la calle Marquês da Fronteira, los portones del Batallón de Cazadores número 5 se abrieron con verdadero estruendo para permitir la salida a dos compañías que en apariencia iban a realizar un ejercicio nocturno por el centro de la ciudad. El centinela que montaba guardia vio partir a los soldados, en uniforme de campaña, bien pertrechados de armamento, con el casco puesto y a paso ligero. En pocos segundos se perdieron de vista calle Castilho abajo. Al llegar al cruce con la calle Sampaio Pina se escuchó la voz de alto e inmediatamente los suboficiales comenzaron a ordenar el despliegue táctico de una de las compañías por los alrededores. La otra continuó a buen paso calle abajo. Casi no había gente a esas horas. Sólo el bar Pisca-Pisca tenía las luces encendidas, pero el reguero de agua que descendía por la acera era una prueba evidente de que lo estaban limpiando. Los últimos clientes, cuatro jóvenes con pinta de trasnochadores, salieron con actitud dicharachera y se dirigieron a un coche donde alguien les estaba aguardando al volante.

Al percatarse de la presencia de los militares, que iban tomando posiciones a la carrera, el conductor del vehículo discretamente aparcado detrás de unos árboles se bajó y se acercó al primer oficial que observó dirigiendo el despliegue. Cuando estaba a pocos metros le saludó con la mano y dijo:

—¡Coraje!

—¡Por la victoria! —respondió el oficial.

—Soy el capitán Mendoza de Carvalho, del Grupo de Comandos de la Fuerza Aérea —se presentó el hombre que estaba al volante del coche.

—A sus órdenes, mi capitán. Soy el teniente Mascarenhas. ¿Todo en orden?

—Sí, teniente. Llevamos vigilando más de tres horas. La emisora está funcionando con normalidad y no hemos observado ninguna situación extraña. Nuestros técnicos están por aquí, en coches particulares, listos para entrar. Uno de ellos, el mayor Campos Moura, es ingeniero electrónico. Para él ningún transmisor ofrece secretos. Espero que no tengamos problemas insalvables para hacernos con el control de la emisión.

El teniente echó una ojeada alrededor, consultó con la vista a los suboficiales que ya se hallaban en sus puestos de guardia, empuñó la pistola en la mano izquierda y con la mano derecha hizo el gesto de adelante. Sólo los que estaban a su lado le oyeron decir «¡Vamos!». Los ocho hombres que aguardaban en desordenada formación echaron a andar detrás de él en dirección a los estudios de Rádio Clube Portugués, la emisora elegida por los golpistas para emitir sus comunicados.

—¡Son las tres horas de la madrugada y… doce minutos! Es…

La voz del locutor retumbaba desde el altavoz colocado a la entrada de los estudios. El conserje de noche, Alcino Leal, vio algunas sombras en la puerta, levantó la vista instintivamente del periódico y se sorprendió al ver a tantos militares a esas horas. Además, todos ellos empuñaban unos pistolones de esos que te echan para atrás, y eso le resultó aún más extraño. Cuando intentó levantarse notó que las piernas no respondían y que las manos castañeteaban sobre las páginas del diario. Pero su principal obligación era atender a los visitantes, así que hizo un esfuerzo, se puso en pie y abrió la puerta. No le dio tiempo a preguntar qué querían. Uno le apartó a un lado, otro le ordenó que se sentara y no se moviese y el resto entró por los estudios adentro y en cuestión de instantes tenían la emisora controlada.

—Sigan poniendo música como hasta ahora —escuchó que le decían el asustado técnico de sonido cuando, con un disco en la mano, se encontró con unas cuantas pistolas apuntándole.

Mientras el teniente Mascarenhas recorría las instalaciones y comprobaba que no había nadie en los despachos, el teniente Santos Coelho, uno de los oficiales del Aire expertos en comunicaciones que acompañaban al capitán Mendoza de Carvalho, se acercó al coche en el que había llegado, sacó de debajo del asiento un transmisor, levantó el auricular y esperó.

—Habla Oscar. Escucho —respondió pasados unos instantes una voz conocida.

—Aquí Grupo Diez. Informo de que México ha sido conquistado sin incidentes.

—OK. Mantengan en el aire la emisión normal hasta nueva orden. Vayan preparando la transmisión del primer mensaje.

—De acuerdo.

Empezaba a refrescar, y en la destartalada sala del puesto de mando de Pontinha el vientecillo del norte que había empezado a soplar se colaba por todas las rendijas. Otelo Saraiva de Carvalho seguía pendiente del avance sobre Lisboa de las dos columnas que, una desde el norte (los escuadrones blindados de Caballería de Santarém) y la otra desde el este (el batallón de Artillería de Vendas Novas), tendrían que estar ya aproximándose. Mientras tanto atendía el teléfono, improvisaba órdenes, dibujaba planos de los que salían flechas en diferentes direcciones, anotaba números, nombres en clave…

Cada vez que llegaba una noticia favorable se echaba las manos a la nuca y, con el cuerpo estirado hacia atrás, dejando la silla gravitar sólo en dos patas, voceaba para que todo el mundo compartiese las buenas nuevas que empezaban a producirse. La primera fue cuando llamó el capitán Teófilo Bento anunciando que el primer objetivo ya se había alcanzado.

—Tenemos en la mano la RTP...

Algunos aplaudieron. Inmediatamente sonó el teléfono de nuevo. Otelo, que respondió como estaba establecido con su nombre en clave, «Oscar», escuchó un instante, apenas dijo cuatro palabras y colgó rápido.

—¡Y Rádio Clube Portugués! —exclamó—Ya tenemos la emisora que necesitamos.

Instantes más tarde, nueva llamada y una voz, la del capitán Frederico Moráis.

—Aquí Oscar —respondió Otelo mecánicamente.

—Aquí mayor de Lima 18. Informo que ocupamos Tokio sin ningún incidente.

—Fenomenal. Gracias.

—Perdón, perdón —se apresuró la voz—. ¿Ya hubo otras ocupaciones?

—Afirmativo —respondió Otelo—. Mónaco y México ya están en nuestras manos. No estáis aislados. Resistid con firmeza.

—Eso está hecho.

Otelo colgó y, antes de atender otra línea, volvió a vocear:

—¡Tenemos otro objetivo en nuestras manos! ¡La Emissora Nacional ya es nuestra!

Tampoco el primer objetivo estrictamente militar tardaría en caer. La otra compañía del Regimiento de Cazadores, con el capitán Bicho Beatriz al mando, que se había puesto en acción al mismo tiempo que los encargados de ocupar Rádio Clube Portugués, se desplegó alrededor del Cuartel General de la Región Militar de Lisboa y, tras un forcejeo verbal con la guardia, que, cogida de sorpresa, apenas opuso resistencia a abrir las puertas y a dejarse detener, ocupó el edificio, protegió los accesos y bloqueó el centro de comunicaciones. Sin darse demasiada prisa, tras comprobar una y otra vez que todo estaba bajo riguroso control, el jefe de la unidad llamó al puesto de mando de Pontinha.

—Aquí el mayor Frondão. Canadá ha caído en nuestras manos. Sin incidentes.

—Muy bien —respondió Otelo—. Manténganse firmes.

—Con seguridad.

Millares de soldados estaban ya en pie de guerra por todo el país. La columna artillera de Vendas Novas había llegado sin novedad hasta la base del monumento al Sagrado Corazón de Jesús y sus hombres se esforzaban por instalar las baterías conforme a las coordenadas que tenían fijadas. Unas horas antes, dos oficiales disfrazados de turistas extranjeros y bien equipados con prismáticos, cámaras fotográficas y brújulas habían examinado el terreno, tomado datos precisos de goniometría y establecido posiciones. Todos los regimientos de la capital que no estaban en la conspiración, lo mismo que las unidades navales ancladas en el Tajo, quedaban bajo sus ángulos de tiro.

La luna se había ocultado y tras ella el cielo empezaba a cubrirse de nubarrones que amenazaban lluvia. Los oficiales se alegraron de la oscuridad, que, según comentó uno en respuesta a las quejas de un soldado, complicaba un poco las cosas, pero facilitaba el sigilo de ciertas operaciones. Para lo que nadie veía ventaja alguna era para el viento, que soplaba cada vez con más fuerza, ni para el frío que estaba haciendo. Los soldados que montaban guardia en el exterior de la Televisión daban saltitos, igual que si estuvieran jugando a la comba, se soplaban de vez en cuando las manos que sujetaban el fusil y echaban de menos el tabardo que tenían guardado para mejor ocasión en el cuartel.

La mayor parte de los soldados acababan de empezar el servicio militar obligatorio que les mantendría en filas cuatro años. Casi todos eran inexpertos y en algunos casos ni siquiera habían terminado el periodo de instrucción. Los mejor preparados, los veteranos, estaban en las colonias, combatiendo en una guerra de la que algunos no regresarían y otros lo harían heridos o mutilados. Los frentes de Guinea, Angola y Mozambique eran un motivo permanente de angustia y sufrimiento para los jóvenes y sus familias.

Los oficiales que encabezaban el golpe respondían plenamente a la nueva clase militar surgida del propio ambiente bélico en que se vivía. Los herederos de la casta, aristocrática a veces y burguesa siempre, que durante siglos había encabezado las Fuerzas Armadas renunciaron a su tradición en cuanto tuvieron que cambiar el ambiente versallesco de los salones sociales de Lisboa y Oporto por un campamento en las selvas africanas. En menos de un lustro, las interminables listas de apellidos ilustres que solicitaban ingresar en las academias militares desaparecieron y en un abrir y cerrar de ojos sus aulas se quedaron vacías.

Con harto dolor de su corazón, los viejos y condecorados generales que dirigían las instituciones donde ellos mismos se habían formado en un ambiente elitista tuvieron que abrir las puertas a los hijos de los suboficiales, cuyos padres aspiraban al honor de que sus hijos alcanzasen la ilusión que ellos no habían logrado, y a jóvenes procedentes de las clases medias-bajas que sólo tenían en el seminario o en la carrera militar la posibilidad de acceder de manera gratuita a algún tipo de estudios superiores. Pero ni siquiera así se conseguía llenar las aulas y atender las demandas crecientes de unas guerras cuyos frentes no paraban de extenderse.

Aquel curso, la Academia del Ejército contaba con 72 alumnos y 423 plazas vacantes; es decir, apenas tenía cubierto un 14 por ciento de su capacidad. Un estudio realizado por la socióloga María Carrillo muestra que, mientras en los años cuarenta casi el 40 por ciento de los cadetes eran hijos de oficiales y sólo el 3,4 por ciento hijos de empleados, en los años sesenta, nada más surgir los primeros conflictos en las colonias, la proporción se invirtió y pasó a ser de un 10,2 y un 24 por ciento respectivamente. De alguna manera, el régimen seguía privilegiando a los militares de la vieja escuela, generales, brigadieres y coroneles, que al acceder a los grados superiores gozaban de todo tipo de prebendas, mientras que las nuevas generaciones de oficiales vivían con sueldos muy bajos y una consideración social decreciente.

El Gobierno utilizaba resortes variados para mantener garantizado el apoyo del generalato, premiando sus carreras con concesiones administrativas variadas, puestos en los consejos de administración de las empresas públicas y una enorme capacidad de influencia en todos los ámbitos del poder. El contraste de su estatus con el de la oficialidad había sido uno de los gérmenes de la sensación de injusticia, opresión y arbitrariedad que se fue generando sobre todo entre los capitanes y tenientes. En cuanto desembarcaban en África empezaban a darse cuenta de que el riesgo que corrían apenas servía para prolongar intereses particulares, y de ahí hasta llegar a convencerse de que tenían más en común con sus enemigos que con sus mentores para algunos era sólo cuestión de tiempo. El Partido Comunista no era ajeno, a pesar de las dificultades con que se desenvolvía en la clandestinidad, al proceso de mentalización que acabaría produciendo el milagro de convertir un ejército colonial en una fuerza revolucionaria. Cuando regresaban a sus pueblos, el contacto con la gente de su mismo extracto social acababa de convencer a aquellos oficiales llenos de dudas e inquietud de que sólo unos pocos encaramados en el poder económico y político querían de verdad la guerra.

El propio Marcelo Caetano era consciente de la diferencia que empezaban a marcar las nuevas generaciones de militares. Cuando le informaron de las primeras y respetuosas quejas que decenas de capitanes habían elevado al Ministerio del Ejército contra el decreto que igualaba sus carreras a las de los oficiales de complemento, cuentan que movió la cabeza con aire de preocupación y comentó: «Hay que tener cuidado con los capitanes. Todavía no tienen edad para poder corromperlos».

Los escasos transeúntes que en la madrugada cruzaron el Terreiro do Paço, la plaza donde estaban las sedes de numerosos organismos públicos, no repararon en una ventana, la única, que permanecía iluminada en todo el complejo administrativo. Si alguno de los militares implicados en el golpe hubiera llegado a verla, a buen seguro que se habría intranquilizado y es probable que hubiese transmitido sus tribulaciones a los demás. Detrás de la ventana y a la luz de una lámpara de mesa, el ministro del Ejército, general Alberto Andrade e Silva, parecía haberse olvidado de la hora —alrededor de las tres y media— y continuaba sumergido en un montón de papeles.

La capacidad de trabajo del general era sobradamente conocida por cuantos le rodeaban y, por supuesto, de manera especial por sus compañeros de Gobierno. Quizás por eso, el ministro de Defensa, Joaquim Moreira da Silva e Cunha, se decidió a llamarle. Algún mal presentimiento debía tener sobre la situación, porque llevaba mucho rato dando vueltas en la cama a los problemas existentes y no conseguía dormirse. Así que levantó el teléfono de la red oficial y pidió que le comunicasen con el despacho del ministro del Ejército. Al segundo timbrazo, atendió el propio general Andrade e Silva.

—¿Está ahí, señor general? Aquí el ministro de Defensa. Entonces, ¿trabajando todavía a estas horas?

—¿Cómo está, señor ministro? Es verdad. Es que tengo que ir temprano al Alentejo y no estaré en el despacho en todo el día. Por eso sigo aquí, intentando poner en orden todos los papeles —respondió el general.

—¿Pasa algo en el Alentejo? —se interesó el ministro de Defensa.

—No señor, nada importante. Me interesa sobre todo ir hasta Beja, donde asistiré al relevo del jefe del Regimiento e inspeccionaré la Compañía de Orden Público. El jefe que tenemos allí es muy amigo del hombre del monóculo. Le llama por teléfono muchas veces. Por eso he ordenado trasladarlo a Ultramar y he colocado en el puesto a una persona de plena confianza. Es el que hoy toma posesión del cargo —explicó el ministro del Ejército.

—Óptimo. ¿Y cómo está la situación, está yendo todo bien?

—La situación está sin alteración y totalmente bajo control. Le pido que no se preocupe: está todo sosegado y no hay ningún problema en ningún lugar del país. Si hubiese alguna cosa, es evidente que yo no iría hoy al Alentejo, ¿no cree?

—Claro, claro —respondió el ministro de Defensa—. Sólo pregunté para ir a dormir tranquilo. Entonces, no le molesto más. Buen viaje por el Alentejo.

—Gracias. Y buenas noches, señor ministro.

En el puesto de mando de Pontinha, el mayor Sanches Osório terminó de anotar la increíble conversación que había interferido sin atreverse a respirar, se levantó del asiento y de pie, en medio de la sala, comenzó a reír a carcajadas. Y en cuanto escucharon su relato, todos los demás compañeros empezaron a hacer lo mismo.

Aún no habían terminado las bromas y las risas cuando uno de los teléfonos del puesto de mando del golpe timbró con fuerza. Otelo levantó el auricular y escuchó:

—Aquí el mayor de Lima dos. Informo que Nueva York ha sido ocupado y está bajo nuestro control.

—Muy bien. Estábamos empezando ya a preocuparnos al no tener noticias vuestras. Enhorabuena. Un abrazo.

Otelo se volvió hacia atrás, y anunció:

—El aeropuerto de Portela ya es nuestro.

Desde otro teléfono se le escuchó decir instantes después:

—¿Es México? Aquí Oscar. Nueva York acaba de ser ocupado. Pueden transmitir ya el primer comunicado y, si quieren, repetirlo cada cuarto de hora.

Capítulo XI
Esta vez va en serio

Ivone Silva se derrumbó en la butaca bastante descuajeringada que tenía en el camerino y durante unos segundos siguió escuchando, con la vista perdida en las bambalinas, el eco de los aplausos que aún retumbaba en la sala del teatro Maria Victoria. Estaba agotada, pero se sentía feliz. La obra era un éxito que se renovaba noche tras noche y, además, ese día era para ella una fecha muy especial: cumplía años... ¿Cuántos? Eso a una mujer nunca se le pregunta, y a una *vedette* de revista, aún menos. Además, eran pocos todavía. Bastantes menos de los que algunos le calculaban. Y es que ella había empezado a triunfar muy joven.

Cuando salió al exterior, en el popular parque Mayer, justo en la trasera del Consulado de España, aún había admiradores esperándola en la calle para verla de cerca, y algunos para despedirla con un último y espontáneo aplauso. El resplandor del luminoso que con grandes letras salpicadas de estrellas de colores anunciaba la obra, *Ver, oír y... callar,* le iluminó la cara. Aquella noche no estaba esperándola el coche de otras veces. Saludó con la mano al público que se resistía a marcharse y caminó hacia el restaurante Bossa, donde había mandado reservar una mesa para ocho o diez personas. Había invitado a cenar a varios amigos, entre ellos al director de la obra, Ari dos Santos, al guionista, César de Oliveira, y a sus principales compañeros de escena, Julio César y Fernando Tordo.

—Estuviste fenomenal, Ivone, como siempre —le dijeron desde la mesa sus invitados al verla aparecer—. ¡Ah! Y felicidades.

—Gracias, gracias —respondió la *vedette* llevándose las manos a la boca y abriéndolas en ademán de repartir besos como quien expande pompas de jabón.

Aunque se habían propuesto no hablar de trabajo, el éxito de la obra no les invitaba a hacer otra cosa. Estaban celebrando dos sesiones diarias, el «no hay entradas» se repetía cada tarde y cada noche, la crítica les había puesto de maravilla y, lo más importante, la gente se desternillaba de risa. Era una pena, recordó Ivone mirando a Julio César, lo que había pasado el primer día.

—Ya —se lamentó el actor levantando el hombro izquierdo—. Este es el país que tenemos.

—El país y el Gobierno —apostilló otro de los asistentes sin levantar mucho la voz.

La obra en su origen incluía una imitación, hecha por Julio César, de una de las *Conversaciones en familia* que el jefe del Gobierno, Marcelo Caetano, ofrecía de vez en cuando por televisión. El actor imitaba la voz de Caetano a la perfección y el monólogo, a pesar de la precaución con que había sido escrito, resultaba muy gracioso. El teatro casi se vino abajo cuando terminó la imitación. Todos los espectadores aplaudieron a rabiar menos uno. El inspector de la censura torció el gesto, se levantó de su asiento hecho un basilisco, fue hacia las tramoyas con ademán crispado y, en cuanto le echó la vista encima al director, le espetó:

—Eso es intolerable. Hay que suprimirlo inmediatamente. Y que no se vuelva a repetir una cosa así porque clausuro la obra.

Fue una decepción para algunos espectadores que aquella noche repitieron sesión sólo para reírse con el número de Julio César. Incluso se temió que la obra se viniera abajo cuando trascendiera lo ocurrido. Pero no ocurrió. La revista es un género con gran arraigo en Portugal y sus guionistas, con César de Oliveira a la cabeza, ya se habían hecho auténticos especialistas en apurar al máximo los límites que la censura marcaba.

El camarero ya había acabado de colocar las sillas sobre las mesas vacías, había sacado la basura y cada vez asomaba con más frecuencia su cara de sueño a ver si los últimos clientes, que no cesaban de brindar con las dos botellas de Raposeira que Ivone había encargado, hacían algún amago de marcharse. Pero ninguno miraba el reloj. Menos mal que el panadero, que cada madrugada pasaba a dejar el pan recién hecho para los desayunos, llegó providencialmente con una noticia que los puso a todos en pie:

—Creo que ha estallado una revolución. Me he cruzado con militares y la radio creo que ha dicho que nadie salga a la calle.

—¿Qué radio? —preguntó Julio César.

—Me parece que Rádio Clube Portugués. Pero no me hagan mucho caso. Yo no he escuchado nada. Yo no tengo radio en la furgoneta. Sólo he visto militares por la Fontes Pereira de Melo y no me pareció normal.

—Trae una radio, tú — gritó alguien.

No había ninguna radio a mano en el restaurante y todos salieron corriendo hacia el aparcamiento a escuchar la que Julio César tenía en el coche. Entraron como pudieron en tropel en el utilitario y, mientras el actor movía el dial en busca de la sintonía, uno del grupo, aprisionado en medio de los otros, exclamó:

— ¡Coño, qué buena escena para un anuncio de este automóvil! Nunca pensé que diese tanto de sí, o que nosotros encogiésemos tanto, claro.

Instantes después, tras un barrido rápido por la banda de la onda media, una voz conocida y familiar se oyó que gritaba: «¡Viva Portugal!» E inmediatamente, la música muy familiar para todos del himno nacional.

—¡Cojones!, como dicen los españoles —rompió el silencio una voz masculina.

Primero se dejaron oír algunas voces, golpes de puertas que se abrían y cerraban con fuerza, carreras por los pasillos y algún que otro taconazo. Pero la normalidad volvió a imponerse enseguida en los estudios de Rádio Clube Portugués. Los técnicos del control de emisión miraban por el rabillo del ojo las granadas que llevaba en el cinturón el soldado que guardaba la puerta y de vez en cuando no podían evitar algún que otro estremecimiento. Luego, la profesionalidad se imponía y seguían quitando y poniendo discos con la destreza de siempre. A veces mostraban la carátula al oficial antes de pinchar sobre el vinilo y el teniente hacía una señal con la cabeza de asentimiento.

Conforme pasaban los minutos, lejos de la hostilidad que temían, los ocupantes de la emisora empezaron a observar sonrisas y gestos de satisfacción entre los empleados. Los estrategas del Movimiento no sabían que los periodistas, locutores e incluso técnicos considerados peligrosos por sus ideas solían estar relegados en las emisoras a los turnos de madrugada. En Rádio Clube Portugués eran las únicas horas en que los periodistas con ideas democráticas podían ganarse la vida. Ningún oyente notó nada anormal hasta que, de pronto, se diluyó la música y la voz bien familiar para todos de Joaquim Furtado, segura como siempre, aunque quizás un poco más acampanada que de costumbre, leyó:

> Aquí, el puesto de mando del Movimiento de las Fuerzas Armadas. Las Fuerzas Armadas Portuguesas apelan a todos los habitantes de la ciudad de Lisboa para que se mantengan en sus casas, en las cuales deben permanecer con la máxima calma. Esperamos sinceramente que la gravedad de la hora que estamos viviendo no sea tristemente señalada por cualquier accidente personal, y para ello apelamos al buen sentido de los jefes de las fuerzas militarizadas a fin de que eviten cualquier enfrentamiento con las Fuerzas Armadas. Este enfrentamiento, además de innecesario, sólo podrá conducir a serios perjuicios individuales que enlutarían y crearían divisiones entre los portugueses, lo que hay que evitar a toda costa. No obstante la expresa preocupación de no hacer correr una mínima gota de sangre de cualquier portugués, apelamos al espíritu cívico y profesional de la clase médica, esperando que acuda a los hospitales con el fin de prestar su eventual colaboración, que se desea, sinceramente, innecesaria. ¡Viva Portugal!

Una marcha militar siguió al himno nacional. El comunicado estaba escrito a mano, con tinta verde y con la letra impecable del mayor Nuno Lopes Pires. Tenía algunas tachaduras, y al pie, también a mano, pero con tinta negra, alguien con autoridad había añadido: «Orden para transmitir por RCP». Quince minutos más tarde, la voz del locutor interrumpió la música militar y leyó el segundo llamamiento:

> Aquí el puesto de mando del Movimiento de las Fuerzas Armadas. A todos los miembros de las fuerzas militarizadas y policiales: la jefatura del Movimiento de las Fuerzas Armadas aconseja a todos la máxima prudencia con el fin de evitar cualquier enfrentamiento peligroso. No hay intención deliberada de hacer correr sangre innecesariamente, pero esto sucederá en el caso de que se produzca alguna provocación. Hacemos un llamamiento para que regresen inmediatamente a sus cuarteles y aguarden allí las órdenes que les serán dadas por el Movimiento de las Fuerzas Armadas. Serán severamente responsabilizados todos los mandos que intenten, de cualquier manera que sea, conducir a sus subordinados a la lucha con las Fuerzas Armadas.

El capitán Vasco Lourenço no encontraba la postura adecuada en su camastro del cuarto de oficial de día en el Cuartel General del Ejército en Ponta Delgada. Todos los intentos que había hecho para descabezar un sueño habían resultado inútiles. Probó a leer un poco, pero no conseguía enterarse de lo que leía. Continuamente tenía que volver atrás y releer el párrafo completo, a veces hasta cuatro veces seguidas. Su mente estaba al otro lado del océano, imaginando lo que podría estar ocurriendo y casi siempre temiendo lo peor. Le atormentaba no estar asumiendo el peligro en primera línea.

La radio no le ayudaba. Movía el dial de un lado para otro, pero no aparecía ningún indicio de lo que estaba esperando. Podría haber pensado que la ausencia de noticias era una buena señal, pero aquella noche se sentía proclive a verlo todo oscuro y la falta de noticias más bien le invitaba a pensar que era la censura la que mantenía el control y estaba impidiendo que trascendiera nada de lo que él esperaba que estuviese pasando.

Sumido en estas reflexiones, en un instante en que pasó muy rápidamente por la frecuencia de Rádio Clube Portugués escuchó algo que le produjo la sensación de una descarga eléctrica. Era una voz conocida y enérgica que en tono ampuloso dijo algo de sangre. La mano se le había quedado paralizada sobre el transistor. Tardó unos instantes en recuperar el dominio sobre sus dedos. Volvió la aguja hacia atrás con sumo cuidado, la movió un milímetro a la izquierda, luego un pelín a la derecha y... la voz llegaba entrecortada por los ruidos del éter. Escuchó: «... de la clase médica, esperando que acuda a los hospitales, a fin de prestar su eventual colaboración, que se desea, sinceramente, innecesaria. ¡Viva Portugal!»

Y luego, el himno nacional. Vasco Lourenço se quedó petrificado. El aire que iba a espirar se le congeló en la garganta. Un nudo atenazaba con fuerza su pecho y notó que las piernas empezaban a temblarle como aquella vez en que de pronto le atacó un fiebrón de cuarenta grados en plena selva. Instintivamente extendió el brazo hacia la metralleta que tenía encima de la mesilla de noche. Estaba cargada. Los temores, entremezclados con alguna esperanza, se sucedían sin solución de continuidad por su cabeza.

¿De quién era aquel mensaje? ¿Del Movimiento o del Gobierno? Podía ser de cualquiera de los dos. Bien pensado, parecía más propio del Gobierno y de su afán por intimidar a la gente para ponerla de su parte. También el himno nacional le resultaba más identificable con la dictadura, que lo patrimonializaba como si fuese exclusivamente suyo. Claro que, bien mirado, el himno era de todos, y era lógico que el Movimiento de las Fuerzas Armadas lo considerara también como propio. Él hubiese hecho lo mismo, a pesar del abuso que el régimen había hecho del sentimiento patriótico que despertaba entre los portugueses.

Mientras especulaba con estos razonamientos sentía que la angustia de la incertidumbre le dominaba más cada vez. La frecuencia de la emisora se evanescía entre ruidos y tenía que estar continuamente intentando recuperarla. Nunca hasta esa noche el animoso y siempre optimista capitán había deseado morirse como lo deseó entonces en algún instante, siempre muy breve y fugaz, porque en el fondo lo que estaba ansiando era luchar para vivir... en libertad.

Joaquim Tomás, el hermano mayor de Manuel Tomás, productor y realizador del programa *Limite* de Rádio Renascença, estaba durmiendo como un bendito cuando sonó el teléfono. Había regresado pronto a casa aquella noche y se había quedado viendo la televisión hasta el final del último informativo. «¿Qué pasará? —se preguntó—. Seguro que es alguien que llama para fastidiar». Se levantó de mala gana, se restregó los ojos y respondió con voz de pocos amigos.

—Señor Joaquim —escuchó que le decían sin darle tiempo a responder—, venga rápido a recogerme a casa. Esta vez la cosa va en serio.

Joaquim Tomás trabajaba desde hacía más de veinte años para el Ejército como personal militarizado sin graduación. Era conductor de profesión y llevaba bastante tiempo destinado con el director del Instituto de Altos Estudios Militares, uno de los puestos más ambicionados por los generales y almirantes en su última etapa activa. En esa época, el director era el general Arnaldo Schultz, uno de los militares en activo con mejor biografía al servicio de la dictadura.

Schultz había sido amigo y confidente de Oliveira Salazar, ministro del Interior, y por lo tanto responsable directo de la represión política y sindical durante varios años, y gobernador de la Guinea Portuguesa antes que Spínola. Sus relaciones con Marcelo Caetano, en cambio, eran más frías que con su antecesor. El general no estaba de acuerdo con su tibieza a la hora de encarar algunos problemas y, desde luego, discordaba de las dudas en que se debatía el Gobierno con respecto a la guerra colonial. En reciprocidad, el presidente del Consejo de Ministros no confiaba en él, y cuando le llegaban rumores de que Schultz era uno de los que conspiraban con el general Kaúlza de Arriaga para derrocarle, lo admitía sin ninguna reserva.

Sin embargo, aquella supuesta —por lógica— participación de Schultz en la conspiración frustrada de los ultraconservadores nunca llegó a demostrarse. El general parecía muy satisfecho con su cargo en el Instituto y quienes le trataban de cerca opinaban que se hallaba ya en una edad en que no le apetecía meterse en grandes aventuras. Su conductor y a menudo persona de máxima confianza sentía por él admiración y respeto. El general era autoritario y duro, pero también era educado, inteligente, serio y amigo de sus amigos.

—Ahora mismo, mi general —respondió—, pero ya sabe que vivo lejos. Tardaré una media hora.

—Bien, bien. Venga lo más rápido que pueda.

Joaquim Tomás vivía en las afueras, en un barrio de casas militares bastante alejado del centro. Se vistió lo más rápido que pudo con la misma ropa que acababa de quitarse, se dirigió a la carrera al garaje a buscar el coche, un Mercedes negro con matrícula oficial MG 1276, y partió hacia la residencia del general, en las proximidades del aeropuerto. Cruzó la zona de Monsanto, cuyos pinares acentuaban la oscuridad de la noche, y al salir hacia el puente de Alcántara, otra vez con la ciudad iluminada por la luna llena, divisó al fondo, en la lejanía, a la entrada del puente Salazar por el lado de Almada, en la base misma del monumento del Sagrado Corazón de Jesús, una columna de vehículos militares maniobrando.

El general, vestido de paisano, aguardaba en el portal del edificio. No esperó a que el conductor se bajase a abrirle la puerta, como era habitual. Echó una carrera hacia el coche y ocupó el asiento delantero, Ni siquiera saludó:

—Vamos al despacho, señor Joaquim. Las cosas no andan bien.

En la rotonda de Alvalade el conductor vio por el retrovisor una columna de tanques que avanzaba por la autopista del Norte. El general guardaba silencio, con la mirada fija al frente, pensando en sus cosas. Al ver los blindados, Joaquim Tomás notó un breve estremecimiento. Algo grave estaba ocurriendo, sí. De repente le vino a la cabeza un temor: las letras MG en las matrículas de los coches estaban destinadas a vehículos militares; eran una herencia de los tiempos en que el Ministerio de Defensa se llamaba Ministerio de la Guerra y, aunque muy pocos civiles lo relacionaban ya, los militares sí que lo sabían y las identificaban.

En lugar de seguir por la dirección más recta hacia el Instituto, situado en el barrio de Algés, cerca de la carretera paralela a la costa, giró a la derecha y se adentró en un intrincado jeroglífico de calles estrechas y sinuosas por las que no circulaba casi nadie a horas tan intempestivas. El general, absorto en sus meditaciones, ni se dio cuenta. El conductor era consciente de que aquella noche su responsabilidad iba bastante más allá del manejo hábil del volante y oportuno del freno. Su otro temor era qué estaría pasando en el acuartelamiento. ¿Lo encontrarían ya tomado por los rebeldes? Cuando embocaron la entrada al Instituto, un centinela sorprendido saludó con corrección, abrió la barrera, volvió a cuadrarse al paso del automóvil del director, dio media vuelta, levantó el teléfono y cuando respondió el jefe de día, apenas dijo:

—Mi capitán, ha llegado el general.

Arnaldo Schultz fue directo a su despacho, donde se encontró ya al jefe de día.

—Llame a todos los oficiales. Los que duermen en el acuartelamiento que vengan a mi despacho inmediatamente y los que están en sus casas que se incorporen con la mayor rapidez.

A continuación, se puso a estudiar la mejor forma de defender el centro. Cuando el oficial de día le detalló los escasos efectivos con que contaban se le endureció el gesto.

—Bien —dijo secamente—. Los utilizaremos con inteligencia.

Dispuso, primero, reforzar la guardia y, segundo, aprovechar las horas de oscuridad que quedaban para preparar algunas medidas de intimidación ante un posible asalto. En algunas garitas se colocaron uniformes rellenos de paja colgados de una percha y, en determinadas ventanas, cascos en diferentes posiciones y cañones asomando al exterior.

La columna blindada de Santarém divisó el puente metálico sobre el Tajo y a la izquierda las luces mortecinas de Vilafranca de Xira, la villa famosa por el arrojo que siempre han demostrado sus cuadrillas de *forcados* en las plazas de toros. Al pasar delante del discreto edificio que alojaba los transmisores en onda corta de la *Voz de América*, el capitán Salgueiro Maia no pudo evitar preguntarse una vez más qué pasaría si la OTAN, animada por los Estados Unidos, decidía intervenir. Acababa de escuchar el primer comunicado del Movimiento y la emoción que sintió al escuchar por vez primera el himno nacional con un mensaje de libertad había puesto su corazón a latir con una fuerza inusitada.

—¿Qué ha sido eso? —preguntó sobresaltado.

Un ruido seco, como una pequeña explosión, le había sacado de sus reflexiones.

—Debió de ser un neumático, mi capitán —respondió el conductor.

Efectivamente, la rueda de uno de los transportes de tropa acababa de reventar, y el estallido sordo e inesperado había sobresaltado a todo el mundo. Por fortuna, el vehículo derrapó hacia la izquierda y caracoleó unos metros, pero iba a poca velocidad y el conductor logró detenerlo sin mayores contratiempos. Inmediatamente saltaron dos mecánicos y, con la ayuda de un par de soldados que se presentaron voluntarios a manejar el gato hidráulico, en menos de cinco minutos cambiaron la rueda. En cuanto estuvieron a bordo de nuevo, el capitán, que había permanecido silencioso todo el tiempo que duró la reparación, hizo un gesto con la mano y la columna volvió a ponerse en marcha.

—Hemos perdido unos minutos preciosos —comentó.

—Es lo menos que podía haber pasado con este material de mierda que tenemos —apostilló el teniente.

El encargado del cobro del peaje por el puente se asustó al oír el estruendo. Daba la impresión de que el puente iba a ceder con el peso de los tanques. La columna pasó de largo a gran velocidad ante la mirada atónita del hombre. «Cualquiera les cobra a estos —pensó—. ¿A dónde irán con tanta prisa?». La columna entró en la autopista, desierta a esas horas, y siguió su avance, en compañía de las retamas recién florecidas en la mediana, hacia Lisboa. Apenas habían transcurrido dos horas desde que la columna partió de Santarém cuando entró en la capital. El capitán Salgueiro Maia miró el rudimentario plano que llevaba sobre las rodillas y comprobó que, efectivamente, los árboles que se divisaban al fondo eran los del Campo Grande.

En el primer cruce apareció un control de la Policía de Seguridad Pública. Había varios coches, motocicletas y por lo menos una veintena de hombres. El semáforo estaba en rojo, pero, se preguntó el capitán, ¿desde cuándo los tanques están obligados a detenerse en los semáforos? Indicó que se activasen las sirenas de las autoametralladoras y la columna pasó de largo sin hacer caso alguno a las señales para detenerse que hacían los asustados guardias. El oficial de comunicaciones, entretanto, buscaba afanosamente en la emisora la frecuencia de la Policía y, cuando consiguió sintonizarla, escuchó al sargento informar a la Jefatura del paso del convoy. El suboficial estaba muy impresionado por el despliegue de fuerza que acababa de observar.

La columna avanzó por la avenida de la República, dejó a la izquierda la pintoresca plaza de toros de Campo Pequeño y, tras cruzar la plaza de Saldanha, donde volvió a encontrarse con otro contingente de fuerzas de la Policía de Choque, descendió por la calle Fontes Pereira de Melo, plaza del Marquês de Pombal, avenida de la Liberdade, plaza de los Restauradores, plaza del Rossio y avenida del Ouro, hasta el Terreiro do Paço. Allí, vehículos y soldados empezaron a desplegarse conforme al plan establecido. Cada pelotón corrió hacia su objetivo y en cuestión de minutos —como el propio Salgueiro Maia contó en su libro *Capitâo de abril*— rodearon los ministerios, la división de la Policía, el Gobierno Civil, el Ayuntamiento, el edificio de la Compañía Telefónica y el Banco de Portugal.

Uno de los tanques se colocó en el centro de la plaza, al lado del gigantesco monumento que la preside, con una autoametralladora apuntando al Ministerio del Ejército, y al lado el *jeep* del capitán con un completo equipo de transmisiones listo para funcionar en cuanto un soldado acabó de extender la antena. El día que empezaba a despuntar con viento y nubarrones se anticipaba más frío que la víspera. Salgueiro Maia descolgó uno de los teléfonos de campaña que tenía a mano, escuchó la voz que desde el otro lado respondió «Aquí Oscar» y dijo escuetamente:

—Aquí mayor de Charlie ocho. Ocupamos Toledo y controlamos Bruselas y Viena.

—Enhorabuena. Gracias. Fuerza.

—Estamos en el Terreiro do Paço, controlamos los ministerios, la Marconi y el Banco de Portugal —anunció Otelo.

Alguien dio unas palmadas de entusiasmo y dos o tres gritaron «¡bravo!» al unísono.

—Y, el Gobierno, ¿sigue durmiendo? —preguntó una voz.

—Ya debería haber despertado, ¿no creéis? —apuntó otra.

Capítulo XII
La revolución está en la calle

El coronel Santos Júnior, comandante de la Policía de Seguridad Pública en Oporto, dejó a un lado por una vez las viejas rivalidades entre los dos cuerpos que se encargaban de asegurar el orden público. Acababa de recibir un chivatazo muy preocupante y, antes de provocar la alarma en Lisboa, decidió curarse en salud y compartir la responsabilidad. Descolgó el teléfono y en cuanto tuvo al habla a su colega de la Guardia Nacional Republicana le contó en pocas palabras lo que acababa de suceder.

—Tenemos informaciones de que un grupo de militares ha tomado el control del Cuartel General del Ejército. Desconozco por el momento más detalles. Apenas hemos comprobado que sobre las tres y media el edificio fue rodeado por numerosos vehículos y poco después sus ocupantes redujeron a la guardia y penetraron en el interior. Lo que está ocurriendo allá dentro lo ignoramos.

Apenas transcurrieron veinte minutos cuando los télex de los acuartelamientos y comisarías de la GNR y la PSP empezaron a repiquetear una orden urgente y con acuse inmediato de recibo de entrada en «prevención rigurosa» de los efectivos de ambos cuerpos en todo el territorio nacional. Las jefaturas de Oporto recibieron además una instrucción adicional para unir sus fuerzas a las del Regimiento de Caballería en una operación combinada para desalojar a los «revoltosos» del Cuartel General.

La predisposición del Regimiento, sin embargo, era bien distinta. El jefe, teniente coronel Arriscado Nunes, recibió efectivamente las primeras instrucciones para entrar en acción sobre las cuatro menos cuarto. Leyó el télex tres o cuatro veces, llamó a su segundo, el también teniente coronel Martins Rodrigues, y tras un breve intercambio de frases, algunas de ellas expresadas sólo con la mirada, ambos movieron la cabeza y, en vez de empezar a tomar disposiciones para el cumplimiento de las órdenes recibidas, reunieron a los oficiales de servicio y anunciaron que la unidad se adhería al Movimiento de las Fuerzas Armadas.

Cuando, ya a la desesperada, las órdenes para acudir a sofocar la rebelión en Oporto llegaron a los regimientos de Infantería de Braga y Vila Real, ambos bastante alejados del objetivo, los oficiales golpistas, que habían tomado en secreto el control de las unidades y permanecían a la espera para sublevarse, se negaron a ejecutarlas. En Viseu, el jefe del regimiento, coronel Azevedo, ni siquiera consiguió entrar en el cuartel cuando, alertado desde Lisboa, acudió a toda prisa, acabando de vestirse por el camino. Una compañía ligera hacía rato que había salido a cumplir la misión secreta que tenía encomendada en el plan de operaciones del golpe, y el resto de la fuerza se preparaba, bajo las órdenes de otro jefe, para repeler cualquier ataque.

Una situación parecida se encontró el coronel jefe del Regimiento de Infantería de Aveiro. Llegó, sin terminar de abotonarse el uniforme, con el tiempo justo para ver cómo se alejaba una columna motorizada por la carretera de Figueira da Foz. Por si le quedaba alguna duda, el suboficial de guardia le saludó con la marcialidad habitual, pero le advirtió de que tenía órdenes estrictas de impedirle el acceso o, en otro caso, de detenerle. La rebelión se había extendido por todo el país mucho más rápido de lo que sus promotores más optimistas se habían imaginado.

En el Regimiento de Caballería de Estremoz, los capitanes Alberto Ferreira y Andrade Moura se comían las uñas junto al transistor ante su impotencia para cumplir la misión que tenían encargada. Los rumores sobre Otelo habían desanimado a la mayor parte de los oficiales comprometidos. Además, eran conscientes de que si el golpe fallaba, algo muy posible en el caso de que sus circunstancias se hubieran repetido en otros lugares, tendrían que pagarlo caro en alguna prisión militar. Sumidos en estas reflexiones, silenciosos y taciturnos, ni siquiera reaccionaron ante el taconazo seco con que un soldado de la guardia se presentó.

—A sus órdenes, señores capitanes. El señor coronel pide que vayan a verle inmediatamente.

Estaban tan abatidos que ninguno de los dos se asustó. Caminaron hacia el despacho del coronel sin intercambiar ni una palabra. Ambos, sin embargo, compartían la misma convicción: serían arrestados y, de momento, nadie iba a quitarles el pasar aquella noche en banderas. Luego, al día siguiente, ya se vería. Ninguno se imaginaba la sorpresa que les estaba aguardando. El coronel Nuno Caldas Duarte se cuadró ante su saludo y les dijo:

—Estoy al tanto de lo que está ocurriendo. Quiero expresarles mi adhesión al Movimiento de las Fuerzas Armadas. La unidad queda a su disposición para lo que haga falta. Comuníquenlo así al puesto de mando.

Los dos capitanes se miraron entre extrañados y eufóricos. Uno se decidió a decir algo:

—Hace hora y media que tendríamos que haber partido con un escuadrón para Lisboa.

—Imagino que aún podríamos intentarlo —añadió el otro.

—Pues no lo piensen más —replicó el coronel—. Pónganse en marcha. Yo mismo explicaré la situación al resto de los oficiales.

En el puesto de mando del cuartel de Pontinha los teléfonos echaban humo. El capitán Luis Macedo levantó al azar uno de los tres o cuatro aparatos que timbraban al mismo tiempo y se estremeció al escuchar una voz totalmente desconocida:

—Habla el jefe del Estado Mayor. ¿Hablo con el oficial de guardia? ¿Cómo están ahí las cosas, todo está en orden?

—Sí, señor general. A sus órdenes, señor general.

El capitán tapó el auricular y le comentó a Otelo:

—Dice que es el jefe del Estado Mayor. Quiere saber si la unidad está tranquila. ¿Le mando a la mierda?

—¡¡¡Nooo!!! —exclamó Otelo—. Dile que todo está perfecto. Que aguardamos órdenes.

—Bien —seguía diciendo el general—. Llamen al jefe y que se incorpore inmediatamente. Deben entrar en prevención general desde este momento. Dentro de unos minutos recibirán la orden escrita.

—Sí, mi general. Aquí no hay problemas, ya le digo. Todo está normal. Pero avisaremos al coronel y cumpliremos la orden: vamos a entrar en prevención rigurosa.

Marcelo Caetano tenía el sueño ligero y despertó al primer timbrazo del teléfono oficial que tenía en su dormitorio.

—Señor presidente...

Enseguida reconoció la voz. Era el director de la PIDE, mayor de Ingenieros Fernando Eduardo da Silva Pais. Todos los días hablaba con él, y a menudo más de una vez, pero no era normal que llamase a esas horas.

—Señor presidente —repitió después de percatarse de que efectivamente estaba siendo escuchado—, la revolución está en la calle. Varios cuarteles están sublevados.

Hizo una pausa y prosiguió:

—Los revoltosos controlan la televisión y las emisoras de radio. También han tomado el Cuartel General de la Región Militar. Estamos intentando evaluar la extensión del movimiento por diferentes unidades.

Caetano llamó inmediatamente al ministro de Defensa, Joaquim Moreira da Silva e Cunha, quien ya estaba vestido y salía para el Ministerio del Ejército. Había quedado en reunirse allí con su colega, el general Alberto Andrade e Silva, quien hacía poco más de una hora le había garantizado que la normalidad era absoluta en todo el país.

—En cuanto tenga más información, le llamaré, señor presidente.

En ese momento sonó de nuevo el teléfono. La voz del mayor Silva Pais le advirtió:

—Señor presidente, es indispensable que Vuestra Excelencia salga de casa con la mayor urgencia.

—¿Y a dónde voy? —preguntó Caetano—. ¿Voy a Monsanto?

Un mes antes, en las horas inciertas del levantamiento del cuartel de Caldas de Rainha, el presidente del Gobierno se había trasladado al cuartel de la Fuerza Aérea en Monsanto, en las afueras de Lisboa, por la autopista de Estoril. Allí funcionaban desde los tiempos de Salazar unas instalaciones especialmente concebidas para afrontar cualquier tipo de emergencia, desde una catástrofe natural a un bombardeo.

—No, no. Para Monsanto, no, señor presidente. Ellos saben que Vuestra Excelencia estuvo allí el 16 de marzo y son muy capaces de ejecutar un golpe de mano para detenerle. Además que todavía no sabemos de qué lado está la Fuerza Aérea.

—Entonces, ¿para dónde voy? —insistió el dictador, según cuenta Saraiva de Carvalho en sus memorias.

El jefe de la PIDE dudó un instante, consultó brevemente a alguien que estaba a su lado y respondió en tono autoritario:

—Para el Carmo, señor presidente. Vaya para el cuartel del Carmo, que la Guardia Nacional Republicana es leal.

El presidente se vistió a toda prisa y partió para el Carmo. El cuartel, instalado en la parte alta de la ciudad, junto a una iglesia en ruinas, era un caserón de ventanales ovalados y grandes puertas de hierro, tras las cuales el visitante encontraba toda una ciudad desconocida y bulliciosa, mezcla de complejo militar y patio de vecindad. Los pelotones militarizados de la Policía Rural exhibían su marcialidad de un lado para otro entremezclados a menudo con los familiares de los guardias que residían en el complejo cuartelado. Hacía tiempo que los máximos responsables del Cuerpo venían planteando al Gobierno la conveniencia de trasladar las instalaciones a otro lugar, porque aquello se había quedado anticuado, los accesos eran difíciles y la operatividad, limitada. Hace cien años, coinciden los expertos, era una fortaleza casi inexpugnable. En cambio, en la época de la Revolución, con las armas modernas que existían, más que una fortaleza era una ratonera que cualquier grupo terrorista bien organizado podía achicharrar.

Marcelo Caetano subió al coche oficial escoltado por su ayudante militar, el mayor Coutinho Lanhoso, y dio orden al conductor para dirigirse al Carmo. El vehículo enfiló la avenida de la Liberdade abajo y al pasar por las proximidades del Terreiro do Paço tuvo que desviarse por una calle lateral para no darse de frente con un grupo de militares que estaban tomando posiciones a la carrera por los alrededores. El presidente del Gobierno se tranquilizó al ver la destreza y rapidez con que los soldados se movían. Sonrió y comentó:

—El general Andrade e Silva ya está tomando precauciones.

—Eso parece, señor presidente —asintió el mayor Lanhoso.

Eran tropas de Caballería en uniforme de campaña, y al mayor también le tranquilizó mucho el orden con que se movían. Algunos soldados levantaron la vista al paso del Mercedes de color negro, pero ninguno le prestó la más mínima atención.

El jefe de la Guardia Nacional Republicana, general Adriano Pires, aguardaba a la puerta del recinto y recibió con toda cortesía al presidente del Gobierno. Marcelo Caetano se instaló en un despacho amplio que fue puesto a su disposición e inmediatamente se abalanzó sobre los teléfonos en un intento por accionar todos los resortes del poder que aún creía tener en sus manos. Sin embargo, el mal presentimiento que había sentido una hora antes, cuando sonó el teléfono y escuchó la voz del jefe de la policía política, no hacía más que acrecentarse conforme iba pulsando el ambiente. A pesar de la tensión, ya al llegar al cuartel había advertido dos detalles cuando menos extraños: no estaba formada la guardia y el general le había recibido vestido de paisano.

Vasco Lourenço seguía con el oído pegado a la radio sin atreverse siquiera a respirar. Fuera, en los pasillos del cuartel, el silencio era absoluto. Tampoco había sonado el teléfono en la centralita. Le sorprendía que no hubiese saltado ya alguna alerta general. Las marchas militares que Rádio Clube Portugués seguía emitiendo tampoco le tranquilizaban. Era evidente que el golpe se había puesto en marcha, pero ¿con qué suerte? La cabeza le ardía de calor y en cambio notaba frío en la espalda. Los recuerdos de su infancia se entrelazaban en su mente con la enorme sucesión de hechos inolvidables que se habían venido sucediendo en los últimos meses. La música terminó con un estruendo de platillos y, cuando parecía que iba a comenzar otra marcha, escuchó de nuevo la voz inconfundible de Joaquim Furtado anunciando: «Aquí el puesto de mando del Movimiento de las Fuerzas Armadas, Las Fuerzas Armadas Portuguesas...».

El capitán dio un brinco igual que si fuese un animal herido y derribó la mesilla donde reposaba la metralleta. Escuchó unos segundos más con la oreja pegada al transistor hasta que ya no pudo contenerse y empezó a saltar como impulsado por un resorte. Dio varias vueltas dando saltos por el cuarto. «Saltaba —lo recordaría siempre— igual que había visto saltar a los monos en las selvas de Mozambique». Le dolía la garganta, aprisionada por la emoción, y tardó bastante en poder reaccionar. Cuando se calmó un poco, cogió el teléfono y llamó al mayor Melo Antunes y al alférez David Ramos. El alférez atendió en el acto y no hizo preguntas.

—Vente para acá, que tus oraciones están haciendo efecto.

—Ahora mismo, mi capitán.

El ideólogo del golpe, en cambio, no respondía. El teléfono sonó una vez y otra y otra y otra sin que nadie acudiera a descolgarlo. Vasco Lourenço sabía que su compañero vivía en un caserón enorme, propiedad de la familia de su mujer, e intuyó que el teléfono estaba lejos de su dormitorio. Colgó y volvió a llamar de nuevo por si había habido algún salto de número, pero tampoco tuvo suerte. «¿Cómo es posible que este tío se haya dormido tan profundamente una noche así?», se preguntó. Y empezaron a entrarle preocupaciones. El uso del teléfono lo tenían restringido por razones lógicas, pero aun así era muy extraño que esa noche no lo hubiese colocado al alcance por si le llamaban. De hecho, él había quedado en avisarle por teléfono en cuanto hubiese algo.

—A sus órdenes, mi capitán.

La presencia del alférez le dejó con sus pensamientos en el aire.

—Entonces, ¿ya aquí? ¿Qué pasa, que has dormido con el uniforme?

—Casi, mi capitán —respondió David Ramos.

Le explicó en breves palabras lo que había escuchado en la radio.

—Ahora ya no pone marchas militares.

Vasco Lourenço miró el aparato y, efectivamente, no había reparado en el cambio de música. La canción que sonaba era de Luis Cilia, uno de los cantautores prohibidos por la censura. Y es que en el puesto de mando de Pontinha, hartos de escuchar lo mismo desde hacía media hora, habían dado la orden a la emisora de que dejase ya de poner marchas, que tanto «enardecían a los fascistas», y empezase a radiar la música que el pueblo quería oír. El capitán Lourenço, como tantos otros, ignoraba ese detalle, pero la canción le gustó.

—Bueno, ahora la música es lo de menos. Tienes que ir a casa del mayor Melo Antunes a ver qué ocurre. Acércate con cuidado por si acaso, no vaya a ser que estén vigilando la casa, o que le hayan desconectado el teléfono, o que le hayan detenido. Y desde luego, si se ha puesto los tapones para dormir, le haces estallar una granada en la ventana.

Los dos se rieron con ganas. Vasco Lourenço se puso a repasar los pasos que había que seguir y el alférez echó a andar a zancadas hacia la calle. La casa de Melo Antunes estaba un poco solitaria. Al igual que en los inmuebles vecinos, no había luz en ninguna de sus ventanas y por la calle desierta tampoco se observaba ningún vehículo o movimiento que pudiera levantar sospechas. El portón estaba cerrado y no tenía ni timbre ni picaporte. David Ramos golpeó con los nudillos y luego a puñetazos, pero enseguida se dio cuenta de que sería inútil. Era imposible que le escuchasen. Contorneó el edificio e intentó intuir dónde estaba el dormitorio del mayor. Voceó su nombre y la única respuesta que obtuvo fue el ladrido de un perro en un jardín próximo.

«Voy a acabar despertando a media ciudad», pensó. Y sin dudarlo dos veces se agachó, cogió una piedra y la arrojó con fuerza contra una de las ventanas del primer piso. El estruendo de los cristales rotos fue seguido de unos instantes de silencio e inmediatamente por los gritos de una mujer. La suegra de Melo Antunes brincó sobresaltada de la cama al escuchar el ruido. En el otro extremo de la casa, su hija y su yerno, que había tenido que tomarse una pastilla para conciliar el sueño, roncaban a placer. El mayor se asomó a la ventana y apenas hizo un gesto de espera con la mano. Cinco minutos después aparecía en la puerta ya uniformado y con la pistola de su compañero al cinto.

Todavía no eran las cuatro en el archipiélago cuando los tres oficiales tomaron el control del cuartel. Era la primera unidad de fuera del continente que se adhería al Movimiento.

El general Andrade e Silva contempló con satisfacción la agilidad con que los blindados se movían por la plaza y el buen criterio con que se iban disponiendo los efectivos de la unidad de Caballería que acababa de llegar al Terreiro do Paço. Eran tropas bien instruidas y, desde luego, con admirable capacidad de reacción. Antes de incorporarse al grupo de ministros y altos cargos militares que se habían concentrado en su despacho llamó al brigadier ayudante y le dio unas instrucciones en voz baja. El oficial asintió con la cabeza, repitió tres veces «sí, mi general», dio un taconazo suave y salió corriendo escaleras abajo. En los soportales se detuvo un momento, miró a derecha e izquierda y cruzó la calle y los raíles del tranvía a buen paso.

El capitán Salgueiro Maia iba hacia el *jeep* donde tenía el puesto de mando, y al ver al brigadier viniendo hacia él, se detuvo. No le conocía, nunca le había visto. Saludó y se quedó mirándole:

—Capitán, acompáñeme al Ministerio. El señor ministro quiere hablar con usted.

—¿Cómo? No, no. Dígale al señor ministro que no iré —respondió sin dudarlo.

El brigadier se quedó petrificado, sin creer lo que estaba oyendo. Miró al capitán con cara de no entender nada.

—Pero, ¿por qué? Es un momento. El señor ministro sólo quiere agradecerle la rapidez y eficacia con que ha ocupado las posiciones. Lo ha estado observando desde la ventana.

El capitán iba a decir algo y sintió que las palabras se le ahogaban. Por fin reaccionó y en tono enérgico contestó:

—Pues dígale que no tiene nada que agradecerme. Y que se considere prisionero del Movimiento de las Fuerzas Armadas. Lo mismo que le ocurrirá a usted si no se marcha ahora mismo.

El brigadier, con la cara descompuesta, le miró de arriba abajo, dio la vuelta con gesto altivo y regresó al Ministerio sin volverse a mirar hacia atrás. Al llegar a la puerta del Ministerio dudó un instante y, con especial disimulo, desapareció a buen paso por una calle próxima. Al llegar a su casa telefoneó al ministro para comunicarle que estaban cercados, que los rebeldes controlaban los accesos al Ministerio y que no podía regresar al despacho.

Justo en el momento en que el brigadier informaba telefónicamente de la situación al ministro, un suboficial se acercó corriendo a la posición de Salgueiro Maia para informarle que una compañía de la Escuela de Administración Militar avanzaba hacia la plaza por una de las calles laterales. El capitán apenas esperó a escuchar el informe completo; se echó el subfusil al hombro y caminó al encuentro de sus oponentes. Al verle venir de frente, el jefe de la columna, un alférez que conocía a Salgueiro Maia, David Silva, detuvo el vehículo con un frenazo en seco, se bajó y saludó.

—A sus órdenes, mi capitán.

—¿A dónde vas? —le preguntó Salgueiro Maia en tono cortante.

—Tengo instrucciones de proteger los ministerios. Al parecer son órdenes del Gobierno. La verdad es que no sé muy bien lo que está pasando —se justificó el alférez.

—¿Gobierno? ¿Qué Gobierno? Ya no hay Gobierno. Los ministros están presos. Además, no te vamos a dejar pasar. Lo mejor que puedes hacer es adherirte al Movimiento de las Fuerzas Armadas y quedarte con nosotros.

El oficial apenas dudó. Pidió un par de aclaraciones y puso sus efectivos a disposición del capitán. Salgueiro Maia, que conocía mejor que nadie los puntos débiles del dispositivo de despliegue que había ordenado, echó un vistazo a los refuerzos que acababa de conseguir y en menos de un cuarto de hora los fue colocando en diferentes puntos estratégicos del centro comercial y administrativo de la ciudad.

Capítulo XIII
El Caudillo tenía razón

María Barroso, la esposa de Mário Soares, estaba acostumbrada a las reuniones hasta altas horas en su casa, a los viajes y a las conversaciones interminables que acababan bien entrada la madrugada. Cuando sonó el teléfono de su habitación del hotel de Bonn donde se alojaban apenas se sobresaltó. Extendió el brazo y respondió mecánicamente.

—Estoy, ¿si?

—¿Está el doctor Mário Soares? —preguntó una voz masculina con evidente acento alemán.

Soares, que había tenido una jornada agotadora, dormía profundamente.

—¿Quién le llama? —preguntó su esposa.

—Es del gabinete del Ministerio de Defensa.

—Ahora mismo se pone.

Se volvió hacia su marido, que apenas se había movido al oír el teléfono, le sacudió un poco y le anunció:

—Mário, es para ti. Del Ministerio de Defensa.

—¿A esta hora? —rezongó el secretario general del Partido Socialista Portugués en el exilio.

Soares empuñó el teléfono, preguntó quién hablaba y se quedó escuchando durante un rato. Su mujer, que le miraba con expectación, notó que la cara iba cambiándole de color por momentos. Cuando colgó dijo:

—Está pasando algo en Lisboa. Mandó avisarnos el ministro que hace un rato nos dijo que no iba a pasar nada. Parece que los militares están en la calle y las emisoras emiten marchas.

María pidió una conferencia con sus hijos en Lisboa y Mário salió en pijama a avisar a los compañeros de delegación que dormían en el mismo pasillo. Unos minutos después aguardaban todos la conferencia, que se demoraba sin sentido. Reclamaron. La telefonista respondió que lo estaba intentando a través de las operadoras internacionales. Pasados unos minutos se disculpó.

—Las líneas con Lisboa están imposibles.

Probaron a escuchar la radio, pero ninguno entendía el alemán. Alguien sugirió ir a la sede del Partido Socialdemócrata Alemán y a todos les pareció una idea excelente. Se vistieron aprisa y corriendo, cogieron un taxi y, por unas calles sin tráfico, en pocos minutos llegaron al edificio del SPD.

—Hay pocas noticias todavía. Parece que es un golpe de Estado —les confirmó un empleado del servicio de comunicaciones.

Las agencias de noticias empezaban a difundir detalles del despliegue de tropas que se observaba en Lisboa y en otras ciudades del país. La plaza del Terreiro do Paço había sido ocupada en la madrugada por tanques armados con ametralladoras. La radio, que había estado emitiendo música militar, alternaba los comunicados de los golpistas con canciones hasta entonces prohibidas por la censura. El Gobierno de Marcelo Caetano todavía no había reaccionado de forma visible. Había una carencia evidente en las informaciones: no incluían ningún nombre propio. Ninguna apuntaba quién estaba al frente de los golpistas. Algunas, más que hablar de golpe, anticipaban la idea de una revolución, pero hasta ese momento sin protagonistas.

Los técnicos del departamento de comunicaciones del SPD consiguieron sin mayor dificultad las conferencias que los visitantes portugueses les iban pidiendo. La primera, con el domicilio del matrimonio Soares, donde su hijo João (actual alcalde de Lisboa) acababa de enterarse de la noticia. Había escuchado efectivamente un comunicado que los sublevados estaban difundiendo por la radio y se disponía a vestirse para salir a la calle a ver qué estaba ocurriendo. María Barroso no pudo evitar suplicarle que no se metiese en ningún follón.

Aunque ardían en deseos de llamar a algunos compañeros de partido, la precaución les aconsejó moderar sus impulsos y esperar a hacerlo más tarde. Con el único con el que se arriesgaron a hablar fue con Raúl Regó, el director del periódico *República* que, como buen periodista, sí que estaba al tanto de todo lo que estaba ocurriendo.

—Esta vez no hay dudas, Mário —le dijo con voz eufórica. Y antes de cortar la comunicación, añadió—: Mário, tienes que venir. Regresa cuanto antes.

Cuando Soares salió de la cabina con aire pensativo, María Barroso ya estaba en pie y con el bolso en la mano.

—Mário —le dijo—, no hace falta que me digas nada. Tú continúa aquí esperando a ver qué pasa y yo voy a preparar las maletas.

Nunca la ciudad madrugó tanto. En cuanto la radio difundió el primer comunicado del Movimiento de las Fuerzas Armadas, los teléfonos empezaron a llamar y en muchos barrios las líneas se colapsaron. Las ventanas se iban iluminando conforme la noticia corría de casa en casa. Una gran parte de ellas no tenía teléfono, apenas había 700.000 instalados en todo el país para más de nueve millones de habitantes, y muchas personas corrieron a avisar a sus amigos o familiares. Por doquier se escuchaban golpes en las puertas, voces instando a que abrieran y, en las comarcas rurales, más de una pedrada en los tejados.

Sin embargo, en los primeros momentos las esperanzas puestas en la libertad eran mínimas. Solamente los que tenían conocimiento del ambiente que se vivía en los cuarteles albergaban cierta ilusión de que fueran los militares progresistas los que se habían adelantado. Pero militar y progresista resultaban dos conceptos contrapuestos para el común de los ciudadanos. Los militares eran reaccionarios por naturaleza, y mucho más aún deberían serlo los militares coloniales de uno de los países más viejos y conservadores de Europa, como era el caso de Portugal.

Algunos activistas políticos clandestinos, con amplio historial en los ficheros de la PIDE, huyeron de sus casas aprovechando la oscuridad de la madrugada en busca de refugios más seguros. Alguno incluso cogió el coche en una reacción casi instintiva y partió en dirección al paso fronterizo español más próximo. Lo mismo que hicieron algunos muñidores del régimen tambaleante, cuyas reiteradas promesas de derramar hasta la última gota de su sangre para defenderlo quedaron intactas para mejor ocasión. Los comunicados que difundía la radio en los primeros momentos eran lo suficientemente ambiguos como para que nadie se echase a temblar innecesariamente, ni nadie echase las campanas al vuelo antes de tiempo.

Sin embargo, cada vez que la voz del locutor de Rádio Clube Portugués decía «Aquí, puesto de mando del Movimiento de las Fuerzas Armadas», los demócratas sentían que el ritmo cardiaco se aceleraba en sus pechos y la emoción les subía por el cuello hasta la frente en un sentimiento indescriptible de alegría e ilusión como nunca habían sentido. Después de casi cincuenta años de dictadura no había excesivas razones para confiar en un vuelco tan grande y tan rápido en la mentalidad de los militares, pero también resultaba evidente que la situación había llegado a tal grado de deterioro, la imagen de la dictadura era tan deplorable y la animadversión al régimen tan generalizada, que su prolongación por mucho tiempo se volvía materialmente imposible, incluso un golpe de Estado de los conspiradores ultraderechistas era visto con una temerosa y triste esperanza, fundamentada en la creencia ancestral de que las cosas, cuando están mal, tienen que ponerse aún peor para que se arreglen.

La primera noticia de prensa la proporcionó la agencia ANI, controlada por el Gobierno, quince minutos después de difundirse el primer comunicado radiofónico. Las redacciones de los periódicos ya estaban vacías, pero el sexto sentido activado con que descansan los periodistas movilizó rápidamente a decenas de informadores ávidos de ser los primeros en averiguar lo que estaba ocurriendo. Un fotógrafo de la revista *Flama* que se había entretenido tomando unas copas en la discoteca O Porão da Não recorrió los alrededores para ver qué ocurría en varios cuarteles y no observó nada especial. En cambio, cuando regresó al centro se encontró de bruces con una columna de tanques que cruzaba la plaza del Rossio en dirección al Terreiro do Paço.

La gente más madrugadora que aguardaba en las paradas de los autobuses y tranvías miraba a los blindados con ojos de extrañeza. El fotógrafo disparó la cámara con disimulo, sin atreverse a enfocar a los blindados cargados de tropa. Había aprendido muy bien en la mili, y lo había comprobado después en Angola, que hacer fotografías a los militares sin autorización podía ser motivo de un consejo de guerra. Siguió a la columna hasta la plaza y presenció a distancia prudente el despliegue. Los soldados se movían con una rapidez sorprendente, como si todo lo tuviesen ensayado, y le impresionó el cañón de una ametralladora que giraba sobre su base buscando diferentes posiciones de disparo. Hasta que de pronto sintió la angustia de estarse perdiendo el reportaje de su vida y, en un impulso irreflexivo, echó a correr entre los soldados con la cámara en la mano, se acercó al capitán que voceaba las órdenes y le dijo:

—Señor capitán, ¿sería posible tirar algunas fotos?

El capitán Salgueiro Maia ni se inmutó. Estaba señalando con el brazo una dirección a un cabo que permanecía en posición de firmes. Luego se volvió hacia el fotógrafo, hizo ademán de escucharle y, antes de que empezase a hablar de nuevo, le respondió:

—Haga usted todas las fotos que quiera. Esto que estamos haciendo nosotros es para que a partir de ahora ustedes puedan hacer lo que crean que deben hacer. Así que empiece cuando le parezca.

Una mujer temblorosa interrumpió la conversación. Había conseguido acercarse sorteando los tanques y desafiando los fusiles.

—Mire, señor, trabajo al otro lado del río, en la limpieza de unas oficinas y no puedo pasar. Ya tendría que haber llegado. Cuando entren los jefes y vean que no está limpio van a echarme del trabajo, y es mi único medio de vida. Le pido que me dejen pasar.

—No se preocupe, señora —le respondió el capitán—. Hoy no van a abrir las oficinas, pero si a pesar de eso tiene usted algún problema, venga a verme y ya nos encargaremos nosotros de resolverlo.

Los teléfonos a bordo del *jeep* sonaban con insistencia y un suboficial situado en una de las posiciones laterales llegó jadeante con la noticia de que una columna igualmente blindada se aproximaba e intentaba cercarles. El régimen empezaba a desperezarse.

Los cuatrocientos presos políticos que permanecían en el temido fuerte de Caxias fueron despertados como todas las mañanas. El día, lleno de nubarrones y demasiado fresco para la estación, comenzaba con la monotonía de siempre para la mayor parte de los reclusos. Sólo uno, Carlos Coutinho, tenía razones especiales para sentirse más nervioso que de costumbre: dentro de un par de horas sería juzgado por fin y, aunque no tenía esperanza alguna de salir absuelto, por lo menos sabría cuánto tiempo le quedaba aún de prisión.

Carlos Coutinho llevaba ya en Caxias catorce meses. Era maestro y había sido detenido junto con su mujer, que pasadas unas semanas fue puesta en libertad, bajo la sospecha de que eran miembros del clandestino Partido Comunista. Pasó una semana larga en el cuartel de la PIDE, donde sufrió todo tipo de torturas y vejaciones, y cuando ya no podían hacerle mucho más para que hablase lo enviaron a la cárcel sin formularle cargos. Su abogado, Fernando Luso Soares, tenía alguna confianza en el juez, pero él era pesimista: los jueces del régimen guardaban las formas, pero no desautorizaban a los energúmenos de la policía política, para quienes no había más freno ni autoridad que la de su propia convicción de salvadores de la patria. Cuántas veces, en las interminables horas vividas en la prisión, había recordado la frase con la que uno de los altos jefes de la PIDE se jactaba en público de su poder: «Solamente hay dos portugueses a los que yo no puedo detener cuando me dé la gana. Uno es el presidente de la República, Américo Tomás, y otro el presidente del Consejo, Marcelo Caetano, aunque sobre este último tengo dudas sobre si puedo o no».

En los juzgados de la Boa Hora, un sólido edificio de piedra de la zona del Chiado donde solían celebrarse los juicios contra los acusados de actividades políticas prohibidas, había poco ambiente esa mañana. Los primeros que llegaron, puntuales y en grupo como siempre, fueron los testigos: siete u ocho inconfundibles inspectores de la PIDE, cuyas informaciones eran consideradas invariablemente como dogma de fe por el tribunal. Nunca se mezclaban con el resto de la gente, que los miraba con desconfianza y miedo, ni mucho menos con los abogados defensores, que sabían muy bien que les despreciaban en silencio.

Fernando Luso Soares los encontró ya allí, cuchicheando en un rincón, y no evitó mirarlos con una sonrisa. «Con un poco de suerte —pensó— este es el último juicio que os toca, pedazo de cabrones». Se les veía cabizbajos y se les notaba preocupados. Hablaban entre sí, sin mirar apenas al resto de las personas que se movían por los pasillos y sin los ojos desafiantes con que solían plantar cara a quien osaba fijarse en ellos. Las noticias del golpe eran la comidilla general. Todavía no se conocían muchos detalles. Los últimos comunicados difundidos por la radio parecían confirmar, primero, que eran militares progresistas los que se habían sublevado, y segundo, que el Gobierno había perdido el control de la situación. Eran más de las nueve y la impresión era que la dictadura se había quedado hasta sin voz.

Pasaron los minutos, el reloj del *hall* marcaba casi las diez y el acusado se retrasaba sin explicación. El abogado de Carlos Coutinho estaba deseando ver a su defendido para insuflarle ánimo. Era probable que él no supiese nada de lo que estaba ocurriendo. A buen seguro que sus guardianes no se lo habrían dicho durante el traslado, y en el depósito de los juzgados, mucho menos. Estaba absorto en estas reflexiones cuando se le acercó un oficial de los tribunales con un auto del juez y el ruego de que firmase haberlo recibido. Firmó sin mirar y, cuando lo leyó, no pudo contener una carcajada.

> Habiendo comunicado la DGS (PIDE) telefónicamente la imposibilidad de garantizar la conducción del reo a este Tribunal, debido al Movimiento de las Fuerzas Armadas, el juicio se retrasa *sine die.*

Alrededor de la mesa de reuniones del despacho del ministro del Ejército no cabía ni una persona más. El humo de los cigarrillos formaba nubecillas que se elevaban hasta la aparatosa lámpara de cristal que pendía del techo y las colillas empezaban a rebosar de los generosos ceniceros de cerámica con los emblemas de las diferentes armas grabados. De vez en cuando los presentes se asomaban a la plaza y veían al capitán Salgueiro Maia atender a unos y a otros al tiempo que los tanques seguían evolucionando en las bocacalles de la zona comercial y sobre todo por los accesos laterales y la carretera paralela al Tajo.

La reunión tenía cierto aspecto de gabinete de crisis, pero en contra de su apariencia mantenía un extraño tono informal impropio de la situación. Para empezar no había sido convocada, nadie levantaba actas ni estaba claro quién la presidía. El titular de la casa, el general Andrade e Silva, ejercía de anfitrión, pero no se olvidaba de que tanto el ministro de Defensa, Joaquim Silva e Cunha, como el de Interior, César Moreira Baptista, de alguna manera tenían un rango superior al suyo. Los teléfonos no dejaban de sonar. Tras atender una llamada que entró por la línea directa, el ayudante que con cara circunspecta y los labios muy apretados la había recogido se acercó al general y le cuchicheó algo al oído.

—¡Nooo! —exclamó el general Andrade e Silva.

Se levantó, cogió a su ayudante del brazo, lo arrastró hacia el escritorio y le ordenó que se lo repitiese todo de nuevo.

—Y él, ¿dónde está? —se le oyó preguntar con voz temblorosa.

—Llamó desde su casa, mi general. No pudo entrar en el Ministerio.

El ministro volvió a la sala donde sus compañeros se esforzaban por hablar todos al mismo tiempo sin conseguir hacerse entender. Allí estaban también, en torno a la abarrotada mesa, además de los ministros de Defensa e Interior, el ministro de Marina, almirante Manuel Pereira Crespo, el subsecretario del Ejército, general Viana de Lemos, el jefe del Estado Mayor de las Fuerzas Armadas, general Joaquim Luz Cunha, y su hermano, el también general y gobernador militar de Lisboa, Edmundo Luz Cunha, todos ellos con sus segundos de a bordo o ayudantes.

—Hay malas noticias —empezó diciendo el general Andrade e Silva.

Hablaba de pie, con las manos apoyadas sobre la mesa, la espalda encorvada y el rostro compungido. Explicó lo que le había ocurrido al brigadier. Las fuerzas que ocupaban la plaza no eran leales como pensaban ni pertenecían al regimiento de Caballería de Ajuda, como se imaginaban. Habían venido de Santarém y constituían la avanzadilla de los rebeldes. Es más, por lo que había hecho llegar el general de brigada que había hablado con el capitán, el Ministerio estaba sitiado y los rebeldes sabían que ellos estaban allí y les consideraban prisioneros.

—Estamos cercados —concluyó—. Y de un momento a otro entrarán a detenernos. Es extraño que no lo hayan hecho ya.

Alguien apuntó la idea de huir, pero, ¿cómo? Otra voz apuntó tímidamente que quizás por la parte de atrás. El ministro de Marina sugirió la posibilidad de hacerlo a través de su Ministerio, en el edificio contiguo. Incluso recordaba que antiguamente existía una puerta que comunicaba los dos edificios. Efectivamente, corroboró un ayudante con mucha veteranía en la casa: hace años había una puerta que luego fue tabicada con ladrillo para instalar la biblioteca y que no sería difícil de derribar. Incluso creía acordarse de dónde estaba exactamente. La idea no es que fuese demasiado honrosa, pero era la única posibilidad de escapar que se les brindaba; la patria los necesitaba a todos listos para luchar y para derramar hasta la última gota de sangre si fuese necesario, y ante argumentos de esta naturaleza la decisión se tomó en un instante. El suboficial de servicio bajó a dar la orden al cuerpo de guardia para que se proveyese de piquetas. Algunos soldados habían desertado junto con el oficial y el suboficial de día, pero aún consiguió reunir a siete a quienes sorprendió con la orden más extraña que nunca habían recibido: derribar la pared de la biblioteca procurando hacer poco ruido. Que entrase polvo en las vitrinas de los incunables no era motivo de preocupación.

En cuanto el agujero permitió el paso de una persona, los más altos responsables de la defensa nacional y la seguridad del régimen fueron pasando al otro lado, de uno en uno, sin guardar ningún orden protocolario. Luego, por una puerta trasera salieron al patio, montaron en una furgoneta Mercedes del servicio de mensajería del Ministerio y, sin perder ni un minuto ni para sacudirse el polvo de los uniformes, se dirigieron al cuartel de Lanceros número 2, en el barrio del Restelo. Era una de las pocas unidades que no se habían sublevado y sobre la marcha decidieron instalar allí el puesto de mando. En la propia furgoneta fueron acordando algunas de las medidas que pondrían en marcha al llegar. Por iniciativa de Edmundo Luz Cunha encargarían al general de brigada Junqueiro dos Reis, segundo jefe de la Región Militar de Lisboa, el mando de las operaciones necesarias para restablecer la normalidad.

Paralelamente, el ministro de Marina dio órdenes para que la fragata Gago Coutinho (la unidad de la Armada con más potencia de fuego entre las disponibles), que se hallaba preparada para participar en las maniobras navales de la OTAN, subiese Tajo arriba hasta la altura del Terreiro do Paço con sus dotaciones listas para entrar en combate. Nada más llegar al Regimiento, el almirante Pereira Crespo llamó al cuartel del Carmo y habló unos instantes con el presidente del Gobierno. Caetano aprobó sus decisiones y trató de infundirle a todo el grupo el ánimo que a él mismo empezaba ya a fallarle.

El ministro del Interior, que había estado hablando por teléfono desde el Ministerio del Ejército con Marcelo Caetano, decidió también sobre la marcha separarse de sus compañeros de huida y seguir para el Carmo: aparte de que era allí donde estaba el presidente del Gobierno, él era el responsable de la seguridad pública y, por lo tanto, el jefe de la Guardia Nacional Republicana, la única fuerza que hasta el momento no había demostrado vacilaciones. Cuando llegó al cuartel, ya se le había anticipado otro ministro; Rui Patricio, el titular de la cartera de Negocios Extranjeros, atendía con un teléfono en cada oreja llamadas de embajadores ansiosos por saber qué estaba ocurriendo y aguardaba instrucciones por si había que hacer alguna gestión internacional.

No las hubo. Cuando insinuó su disposición a establecer algún contacto, Caetano le cortó en seco: «Este es un asunto interno. Hay que resolverlo entre portugueses».

Los paquetes de periódicos con la tinta aún fresca se amontonaban al lado de los quioscos madrileños, algunos a punto ya de abrir, cuando en las redacciones vacías empezaron a sonar las clásicas campanitas con que los teletipos anticipaban una noticia urgente. Todos los diarios de la mañana destacaban en las portadas las crónicas de sus corresponsales y enviados especiales en París sobre las reñidas elecciones francesas. Curiosamente, ninguno publicaba gran cosa sobre la situación en España. Las tibias esperanzas en el llamado «espíritu de febrero» con que se había estrenado el gobierno de Carlos Arias Navarro se habían volatilizado en menos que canta un gallo y el régimen del general Franco volvía a cerrarse en su caparazón inmovilista. Existía una evidente preocupación por la situación en el Sahara, la última colonia que le quedaba a España en África y cuyo territorio reivindicaban, además de los propios saharauis, Marruecos, Argelia y Mauritania. Sin embargo, la única noticia nacional destacada por la prensa eran los éxitos cosechados la víspera por dos cantantes muy identificados con la dictadura: Raphael en el Palacio de la Música y Antoñita Moreno en el Calderón.

En la redacción de informativos de Radio Nacional de España, en Prado del Rey, la única emisora autorizada a emitir noticias, y por lo tanto también la única donde había periodistas de guardia, cuando sonaron las campanitas varios redactores adormilados saltaron de sus sillas y se abalanzaron al cuarto acristalado donde se hallaban instalados los teletipos. Con una lentitud que a todos les resultaba desesperante, la máquina iba escribiendo:

Flash.

SUBLEVACIÓN MILITAR

Lisboa, 25 (Efe). Esta madrugada se ha registrado en Lisboa una sublevación militar de extensión y características hasta ahora desconocidas, informó la agencia Ani. A partir de las cuatro de la madrugada, la emisora Radio Club Portugués comenzó a transmitir de 15 en 15 minutos un comunicado de una organización denominada «Movimiento de las Fuerzas Armadas», que recomienda no se oponga resistencia para evitar así el derramamiento de sangre.

El periodista Juan Luis Cebrián, que en medio de las fuertes protestas de los elementos más duros del régimen hacía pocas semanas que había sido nombrado director de los Servicios Informativos de Televisión Española, llegó al despacho y, sin quitarse la gabardina, mandó llamar al jefe de Producción, Javier Juan Aracil, y casi sin responder a sus «buenos días» le espetó:

—Hay que enviar a alguien ahora mismo a Portugal. ¿Qué reporteros tenemos disponibles? Tiene que salir para allá un equipo inmediatamente. Están ocurriendo cosas muy importantes y hay que cubrirlas bien.

Una hora después, tras resolver en un tiempo récord todos los trámites burocráticos que eran necesarios para realizar un viaje al extranjero, un coche tipo ranchera cargado con grandes maletones de aluminio y cuatro hombres a bordo, encabezados por el popular reportero Manolo Alcalá, abandonaba la sede de TVE en Prado del Rey y se adentraba por las callejuelas estrechas y sinuosas del barrio de Campamento hasta embocar la carretera de Extremadura, que les llevaría a Lisboa. La radio, citando casi siempre a la agencia Ani, seguía hablando de confusión en Portugal acerca de la identidad y los objetivos de los golpistas. Apenas añadía que, al igual que en la capital, también en otras ciudades del país, como Oporto, Tomar, Leiría o Évora, había fuerzas militares desplegadas por las calles y particularmente alrededor de los edificios de la Administración Pública, aunque, se precisaba, nadie había conseguido averiguar de qué lado estaban ni qué objetivos pretendían.

Arias Navarro, el presidente del Gobierno, se despertó con la noticia e inmediatamente se puso al habla con algunos miembros del Gabinete, concretamente con los ministros militares y con el de Exteriores. El titular de este departamento, Pedro Cortina Mauri, estaba de viaje y le sustituía el de Información y Turismo, Pío Cabanillas Gallas, un liberal aperturista cuya participación en el Gobierno enfurecía a los defensores más acérrimos de las teorías totalitarias en que se fundamentaba el régimen salido de una guerra civil que, en menos de tres años, dejó el dramático saldo de cerca de un millón de muertos. Todos los ministros estaban preocupados por lo que le estaba ocurriendo, en el país vecino, al régimen homólogo, pero en contra de lo que se comentaba, ni uno solo se mostró sorprendido. Al terminar el último Consejo de Ministros, hacía seis días, el general Francisco Franco, que había permanecido callado y con aire ausente casi toda la reunión, elevó un poco su voz cada vez más débil y atiplada y les comentó:

—Hay que estar muy atentos a lo que pase en Portugal. En los próximos días van a producirse movimientos militares contra el Gobierno. No deben cogernos desprevenidos. Alerten a los cuarteles próximos a la frontera.

Algunos ministros se miraron con extrañeza y hasta con desconfianza. Nadie tenía información alguna al respecto. Los agregados militares en la Embajada no habían enviado ningún informe que justificase una previsión tan alarmante. Tampoco el Seced (el organismo que bajo el ambiguo nombre de Servicios Centrales de Documentación había creado el anterior presidente del Gobierno, el asesinado almirante Luis Carrero Blanco, para centralizar los, hasta ese momento, desperdigados servicios de inteligencia) tenía argumentos que pudieran confirmar lo que Franco había anunciado con tanta rotundidad.

—Entonces, el Caudillo tenía razón.

—Tenía razón.

—A sus años.

—A sus años.

—Tenemos la suerte de contar con un hombre providencial. Algún ángel le inspira, no tengo dudas. ¡Ojalá nos dure mucho tiempo!

—Que Dios lo quiera así.

En aquella ocasión, al menos, la influencia celestial en la clarividencia del Generalísimo había sido escasa. Si en algo participó el cielo fue dejando volar por los bordes de su estratosfera el avión de la compañía Iberia que, ocho o nueve días antes, había transportado en su vuelo regular Madrid-Lisboa, entre otros cien pasajeros, a Nicolás Franco y Pascual de Pobil, el hijo de Nicolás Franco Bahamonde, hermano del dictador y durante muchos años embajador en Portugal. Unas horas antes Nicolás había recibido una llamada de un amigo de su infancia residente en Sintra, quien le pidió en tono un tanto misterioso que fuese a cenar aquella noche con él porque necesitaba hablarle de un asunto importante. Estaría esperándole en el aeropuerto.

—Nada de hotel. Te quedas en casa. Tengo una casa grande y estarás bien —le dijo su amigo al tiempo que ponía su automóvil en marcha en el aparcamiento del aeropuerto de Portela, en las afueras de Lisboa.

Nicolás Franco, hombre de talante abierto, muy simpático y, a pesar del apellido, con mentalidad democrática, estaba menos expresivo que de ordinario. Evitaba hablar en espera de que su amigo le anticipase la razón de una invitación tan misteriosa. En el trayecto a Sintra, su anfitrión, de nombre António, empezó a contarle sus experiencias en África. Acababa de regresar de la Guinea Portuguesa, donde había ocupado un alto cargo en la Administración colonial.

—Esta noche —le anticipó— vas a conocer a una personalidad muy importante. Me he permitido invitar a la cena al general António de Spínola, el gobernador que he tenido allí.

—El del libro… —agregó Nicolás Franco.

—Sí, el del libro *Portugal e o futuro*, que armó un revuelo enorme, como sabrás. Pero es un libro muy interesante. Lleva vendidos ya veinte mil ejemplares, todo un récord en Portugal. El general es ahora mismo la mente más lúcida de las Fuerzas Armadas. Sabes que, al regresar de Guinea, Caetano le nombró subjefe del Estado Mayor de las Fuerzas Armadas y hace tres días lo destituyó. A él y al jefe, el general Costa Gomes.

—Sí, sí, lo leí en los periódicos —respondió Nicolás.

Spínola llegó el último a la cena y apareció rodeado de toda la parafernalia que siempre le acompañaba. A pesar de estar destituido, mantenía el mismo coche oficial y la misma corte de ayudantes, conductores y escoltas. Presidió la cena con la misma solemnidad que imponía a los actos oficiales en Bissau. A Nicolás Franco le impresionó el aire de gran señor que reflejaba en todos sus movimientos. «Los portugueses —pensó mientras cenaban— mantienen un tono de señorío decimonónico que en España ya no queda». Al terminar, sin dejarle tiempo para degustar los veinte años que había demorado en consagrarse el oporto que acababan de servirle, el amigo de Nicolás le cogió del brazo y, con la disculpa de mostrarle una obra de arte cualquiera, le llevó discretamente a una sala contigua. Poco después se incorporó el general a la conversación y el dueño de la casa se retiró discretamente a atender a los demás invitados. Spínola, que cuando se quedó a solas con el sobrino del jefe del Estado español parecía más nervioso que durante la cena, se interesó sin demasiada precisión por la situación en España y, cuando Nicolás Franco terminó de exponerle su análisis, le anticipó:

—En los próximos días, aquí en Portugal habrá un cambio en el poder. La decisión está tomada. Las Fuerzas Armadas van a desencadenar una iniciativa muy importante. No hace falta que le diga que esta información es totalmente reservada, pero quisiera pedirle que se lo haga usted saber a quien estime que debe saberlo en Madrid. Y diga que lo que ocurra se hará con el mayor respeto a la soberanía española y al régimen político de su tío. El nuevo Gobierno que surja del cambio mantendrá las mejores relaciones con el español y respetará los compromisos existentes. Confiamos que el Gobierno de Madrid valore esta información.

Nicolás Franco escuchó en silencio, intentó sin éxito conocer algún detalle más y, al observar que el general mostraba prisa por terminar aquel aparte, se limitó a decir que comprendía. Spínola volvió al salón, conversó versallescamente unos minutos con los otros invitados y, alegando que las dos horas largas de galopada que acababa de practicar le habían dejado cansado, se retiró enseguida. Nicolás Franco también se retiró a dormir pronto. Al día siguiente cogió el primer avión a Madrid, sobre las nueve de la mañana, y cuando llegó a Barajas se olvidó de que tenía una reunión de trabajo importante y ordenó al extrañado conductor que le esperaba que le llevase al palacio de El Pardo. En la Secretaría del jefe del Estado le recibieron con las atenciones reservadas a la familia del jefe del Estado, pero antes de abrirle las puertas del despacho los asistentes del dictador querían conocer las razones por las cuales el sobrino algo heterodoxo deseaba hablar aquella misma mañana con su tío.

—Es un asunto particular —cortó en seco—. Particular, pero urgente.

Franco le recibió unos minutos más tarde, en un paréntesis entre dos audiencias formales. El sobrino fue muy breve. Le contó lo sucedido. El jefe del Estado escuchó casi sin pestañear, le hizo dos o tres preguntas muy concretas y se quedó un rato pensativo. El sobrino observó entonces que el aspecto de su tío se había deteriorado bastante en los últimos meses. Al día siguiente, el general sorprendió a sus ministros con el anticipo de lo que iba a ocurrir.

Capítulo XIV
Los tanques de la libertad

En cuestión de minutos la gente empezó a salir a la calle. Centenares de miles de portugueses permanecían en sus casas cuando la radio interrumpió una vez más el programa musical que venía ofreciendo para difundir un nuevo comunicado. El locutor comenzó con el ya conocido «Aquí el puesto de mando del Movimiento de las Fuerzas Armadas». Carraspeó un instante y prosiguió:

Conforme ha sido difundido, las Fuerzas Armadas desencadenaron en la madrugada de hoy una serie de acciones con vistas a la liberación del país del régimen que, desde hace mucho tiempo, lo domina. En sus comunicados, las Fuerzas Armadas han apelado a la no intervención de las fuerzas policiales con el objetivo de evitar derramamiento de sangre. Aunque este deseo se mantenga firme, no se dudará en responder de manera decidida e implacable a cualquier oposición que se manifieste. Consciente de que interpreta los verdaderos sentimientos de la nación, el Movimiento de las Fuerzas Armadas proseguirá en su acción libertadora y pide a la población que se mantenga en sus residencias. ¡Viva Portugal!

Una explosión de alegría estalló en gran parte de los hogares portugueses. En los edificios de propiedad horizontal el eco de los aplausos traspasaba las paredes de los apartamentos. Algunas personas se asomaban a las ventanas con los brazos en alto y haciendo la señal de la victoria. No faltó quien se adelantó a vengarse de algún vecino salazarista colocando la radio a todo volumen en el balcón. En algunas ventanas surgieron como por ensalmo banderas rojas con la hoz y el martillo. En los escasos comercios que habían abierto las puertas, el champán se agotó. Había quien brindaba desde la terraza a un sol que no había asomado, hubo quien colocó globos inflados de colores y quien exhumó de algún armario las guirnaldas navideñas y las extendió por los alambres de tender la ropa.

Quizás porque el golpe anticipaba con tantas evidencias aires desconocidos de libertad, quizás porque la gente ya estaba harta de recibir órdenes, lo cierto fue que casi nadie hizo caso de las instrucciones de permanecer en casa. Las plazas empezaron a llenarse de gente que especulaba con lo que estaba ocurriendo. Algunos jóvenes improvisaron corros en los que danzaban a ritmo de palmas en una explosión de alegría insólita en aquella ciudad caracterizada por el fado y la nostalgia. Las calles que conducen al Terreno do Paço, en la zona comercial conocida por La Baixa, rápidamente se fueron convirtiendo en un río de gente que quería ver de cerca los tanques de la libertad llegados de Santarém.

Sólo algunos pesimistas sacaron sus coches de los garajes y, mirando de soslayo a los grupos que celebraban en un verdadero jolgorio popular el comienzo de su liberación, se dirigieron a las estaciones de servicio dispuestos a hacer colas kilométricas para llenar el depósito de gasolina. Las tiendas también empezaban a llenarse de mujeres cautelosas para quienes la mejor garantía de libertad que imaginaban era tener la despensa bien repleta.

En el puesto de mando de Pontinha se amontonaba el trabajo. Las llamadas que desde todos los puntos del país anunciaban que los objetivos fijados iban cayendo uno a uno, se empañaban a veces con otras que obligaban a los responsables de las operaciones a tomar decisiones sobre la marcha. Cuando se despertó y encontró su emisora convertida en portavoz de la revolución, el propietario de Rádio Clube Portugués, Bothelo Moniz, mandó cortar la energía al emisor, que sorprendentemente no había sido ocupado, y durante unos minutos, que para muchos se volvieron eternos, la radio que difundía los mensajes del golpe enmudeció. Minutos después, el jefe de seguridad de la RTP hizo lo mismo en el centro emisor de Monsanto, con lo cual las pantallas que mantenían la atención de millones de personas dispuestas a no creerse nada hasta verlo con sus propios ojos en la televisión se quedaron en negro.

El capitán Salgueiro Maia llamó al mayor Otelo Saraiva de Carvalho para exponerle un problema que le planteaba su conciencia de militar escrupuloso con las ordenanzas. Tenía preparado el asalto al Ministerio del Ejército, pero no contaba con oficiales suficientes para proceder a la detención de los numerosos militares de alta graduación que estaban reunidos dentro. Sabía que eso no podían hacerlo otros generales, según lo establecía el reglamento, pero por lo menos consideraba imprescindible que fuesen oficiales los que diesen un paso tan simbólico.

Otelo escuchó con una sonrisa sus preocupaciones y dispuso que unos cuantos mayores y capitanes que se hallaban en el puesto de mando en espera de poder colaborar de alguna manera fuesen al Terreiro do Paço a detener a los ministros y altos jefes que se hallaban refugiados en el Ministerio. Su propio ayudante, Luis Macedo, a quien se le veía carcomido por el deseo de participar en alguna acción directa, se ofreció voluntario para ir en el grupo.

—Vuelve pronto —le dijo Otelo.

Los alrededores de la plaza ya habían sido invadidos por la gente. Algunos manifestantes enarbolaban improvisadas pancartas contra el régimen moribundo. Grupos de jóvenes improvisaban eslóganes contra la guerra en las paredes. Salgueiro Maia, mientras tanto, revisaba los explosivos que tenía preparados para derribar el portón principal del edificio, que se hallaba cerrado a cal y canto. Sin embargo, cuando el grupo de oficiales se acercó, el soldado de guardia les abrió sin preguntar nada, les saludó marcialmente y se quedó mirando cómo subían a la carrera por las escaleras de piedra. Cuando iban a asaltar el despacho del ministro, donde suponían reunidos a los miembros del improvisado gabinete de crisis, descubrieron, no sin cierta sensación de ridículo, que estaba vacío. El propio soldado de la puerta, que parecía haberse quedado mudo, hizo una seña con la cabeza que les puso tras la pista del agujero por el que sus numerosas excelencias habían escapado.

El capitán Macedo, que no ocultaba su decepción, se apoyó en la mesa del ministro, cogió su teléfono oficial y marcó el número del puesto de mando de Pontinha. Cuando escuchó el habitual «aquí Oscar», le dijo a Otelo:

—¿Sabes desde dónde te estoy llamando? Pues desde el despacho del general Andrade e Silva. Lo malo es que él no está: huyó con todos los demás. Pero en fin, ya le encontraremos. Por cierto, yo nunca había entrado en el despacho de un ministro. Esto es excelente. Aquí se siente uno muy importante.

El brigadier Junqueiro dos Reis, que se había encontrado de golpe con la máxima responsabilidad de la defensa del régimen, no sabía por dónde empezar. Primero porque ignoraba las fuerzas con que contaba, y segundo porque no conocía con precisión la prioridad de los objetivos. Probablemente la unidad más leal era el Regimiento de Caballería, acuartelado en el barrio de Ajuda, y la primera orden que impartió es que saliese un pelotón blindado hacia la Baixa con la misión de cercar a los ocupantes del Terreiro do Paço, reducirlos y recuperar el control de los edificios administrativos.

La columna se formó rápidamente y demostró mayor movilidad de la que cabía esperar. Estaba integrada por varios vehículos blindados, entre ellos cinco imponentes tanques Patton M47 que hacían temblar los edificios a su paso y parecía que iban a hacer ceder las calles. Al aproximarse al objetivo, el capitán Salgueiro Maia, que estaba siendo informado por radio de su avance, enarboló una bandera blanca y se adelantó a negociar. El brigadier, al verle acercarse de frente, le gritó que cruzase las líneas para que hablara con él en su retaguardia, pero el capitán se negó rotundamente.

—Hablaremos en el medio —voceó.

El brigadier se negó y ordenó al alférez que mandaba una de las secciones que le diese el alto y, si no obedecía, que ordenase disparar. Pero el alférez se negó. El brigadier, fuera de sí, le dijo:

—Acaba usted de arruinar su carrera. Queda detenido.

A continuación, él mismo dio la voz de fuego a los soldados que en las torretas de los tanques manejaban las ametralladoras. Ni uno solo reaccionó. El brigadier estaba fuera de sí, gritaba desencajado ante unos soldados con la vista perdida en el horizonte urbano y ajenos por completo a sus bravatas. Sacó la pistola y reiteró la orden al tiempo que efectuaba varios disparos al aire. Salgueiro Maia, plantado en la calle, con la bandera blanca en la mano y el pecho descubierto ni se inmutó al escuchar los tiros. Acababa de surgir el héroe que la tradición portuguesa siempre ofrece. La gente, que presenció la escena con consternación, tardó unos minutos en reaccionar. La tensión en el ambiente era enorme. Algunos echaron a correr hacia la parte alta de la ciudad. Entre los que aguantaron a pie firme, nadie se atrevía a mirar al desconocido capitán cuya prueba de valor les mantenía sin respiración. El brigadier Junqueiro dos Reis se dio la vuelta y, como impulsados por una orden secreta, todos los cañones empezaron a girar hasta colocarse en la misma dirección en que ya apuntaban los que participaban en el golpe. Entonces la gente, que había sentido cómo sus gargantas se ahogaban en el miedo, notaron que sus pechos se henchían de emoción y con asombrosa espontaneidad prorrumpieron en los aplausos más frescos y clamorosos que jamás se habían escuchado en la ciudad.

Mientras tanto, en Pontinha habían entrado en contacto por radio con la fragata Gago Coutinho, que ya apuntaba sus cañones hacia el Terreiro do Paço. En el Regimiento de Transmisiones habían escuchado la orden de prepararse para disparar. Fue un diálogo tenso y cargado de amenazas. Salgueiro Maia fue alertado del peligro y organizó la defensa colocando algunos tanques en los soportales de los ministerios y otros en los ángulos menos visibles de las esquinas. En el puesto de mando de la fragata, el cuadro de jefes y oficiales debatía la situación y acabó por desistir del cumplimiento de las órdenes recibidas del Gobierno. Para tomar esta decisión fueron decisivos los informes que le iban llegando al capitán sobre el estado de ánimo de la marinería, más proclive al amotinamiento que a disparar contra la ciudad, y sobre todo el aviso de Vítor Crespo para que miraran con los prismáticos el monumento al Corazón de Jesús, recién equipado con cañones de grueso calibre apuntando a su línea de flotación.

João Coito, el veterano jefe de redacción del *Diário de Notícias*, quería llegar a París a la hora de comer para tener tiempo de enviar su primera crónica sobre la campaña electoral. Como ya venía siendo habitual, ante algún acontecimiento importante cambiaba temporalmente la responsabilidad del día a día al frente del principal matutino de Lisboa por el trabajo de enviado especial. Eso le mantenía en forma y le ayudaba a comprender mejor el esfuerzo cotidiano de los reporteros que se pateaban la calle en busca de las noticias.

Mientras esperaba a que le sirvieran el café en aquel hotel de carretera en el que había pasado la noche se puso a ojear el periódico. Obviamente, la pugna electoral entre Miterrand y Giscard d'Estaing, motivo del viaje de Coito a Francia, ocupaba la primera página y una gran parte de las páginas interiores. Cuando la radio, que se oía con alguna dificultad a través de la megafonía del comedor, emitió las señales horarias seguidas de la sintonía de informativos, el periodista, en una reacción profesional casi instintiva, se acercó al altavoz y aguzó el oído.

—Buenos días —saludó el locutor—. Esta mañana la atención sigue puesta en Portugal, donde las Fuerzas Armadas han sacado los tanques a la calle en lo que todas las fuentes interpretan como un golpe contra el régimen impuesto hace cerca de cincuenta años por el ya fallecido dictador Oliveira Salazar. En la madrugada, la voz de un portavoz militar difundió un comunicado radiofónico a través del cual un denominado Movimiento de las Fuerzas Armadas había iniciado acciones para deponer al Gobierno del primer ministro salazarista Marcelo Caetano. La situación en estos momentos aún es confusa. Aunque en algunos puntos de la capital se han escuchado disparos aislados, no hay noticia de víctimas ni hasta el momento se han producido enfrentamientos entre los golpistas y las fuerzas leales al Gobierno.

João Coito se dirigió pensativo a la conserjería y pidió una conferencia urgente con el periódico. La camarera le persiguió por el pasillo con un café humeante en la bandeja que él nunca llegó a tomar. Tuvo que aguardar un buen rato hasta conseguir la comunicación. Todos los teléfonos estaban ocupados. Probó con el directo del director y cuando, dada la hora, ni siquiera confiaba en encontrar la respuesta de la secretaria, su sorpresa fue mayúscula. Era la voz del propio Fernando Fragoso la que le respondió:

—¡Oh, João, cuánto me alegro de oírle! Regrese inmediatamente. Ahora el reportaje está aquí. No sabe lo que es esto. ¡Una locura!

El periodista no perdió ni un minuto. Pagó la cuenta, dio la vuelta al coche y se lanzó a toda velocidad a desandar la carretera que había recorrido unas horas antes. La radio, primero en francés, después en español y por fin en portugués, seguía dedicando sus noticiarios casi de forma monográfica al golpe de Estado en Portugal. Al llegar a Badajoz se encontró, como se temía, con la frontera cerrada. Haciendo cola para ser los primeros en pasar esperaban varias decenas de periodistas, españoles en su mayor parte, más unos cuantos políticos deseosos de respirar aire libre en la península ibérica y un autocar con los jugadores del Sporting que regresaban tristes por la derrota, cansados por el duro viaje y preocupados por lo que les aguardaría al llegar.

No todas las noticias que llegaban al puesto de mando de Pontinha eran buenas. Los objetivos fijados seguían cayendo, algunos con más facilidad de la esperada, las listas de altos oficiales detenidos en las unidades aumentaba sin parar y el régimen daba muestras continuas de estarse derrumbando de manera irremisible. Pero también se estaban produciendo fallos y revelándose imprevisiones que podían complicar el desenlace.

La presencia de la gente en la calle con su alegría desbordada era un factor con el que no se había contado. Si algo se había previsto al respecto era en sentido contrario, ante el temor de que una movilización de masas en apoyo al régimen complicara las acciones armadas y acabara causando víctimas. En gran parte para evitarlo se habían considerado como primeros objetivos prioritarios los medios de comunicación audiovisuales. En todo caso, la verdad es que las manifestaciones estaban resultando muy beneficiosas: nadie se había sobrepasado y el apoyo entusiasmado de la gente levantaba la moral de la tropa, que asumía cada vez más el éxito del golpe como un reto propio.

El Gobierno, sin embargo, no daba ninguna señal de derrota. Las comunicaciones oficiales que el mayor Sanches Osório estaba interfiriendo revelaban que el régimen continuaba confiando en su capacidad ancestral para sobrevivir y se mantenía firme en la decisión de resistir. Por eso en el puesto de mando seguían preocupados. Aún no habían olvidado el susto de la posible intervención de la fragata Gago Coutinho y ya se enfrentaban a otro temor: que alguna de las unidades de la Fuerza Aérea que no se habían adherido al Movimiento o algún piloto suicida afín al régimen se lanzase a la desesperada a bombardear las posiciones que los rebeldes mantenían en los puntos neurálgicos. Todo sin descartar que estuvieran procurando una intervención extranjera.

Algunos rumores hablaban también de agentes de la PIDE que se movían de un lado para otro, entremezclados con la gente, sembrando confusión y, lógicamente, enviando informes al cuartel, donde la actividad era frenética. Otelo no ocultaba su preocupación. Miró el reloj, cambió unas breves impresiones con sus ayudantes y concluyó:

—Creo que hay que acabar con esto cuanto antes. El tiempo puede empezar a jugar en contra nuestra.

Empuñó el micrófono de la radio, llamó al capitán Salgueiro Maia, le explicó que la plaza del Terreiro do Paço había perdido ya interés y le ordenó que dejase una pequeña guarnición y avanzase con el grueso de las fuerzas blindadas hacia el cuartel del Carmo y, una vez que lo tuviese cercado, obligase a la guarnición de la GNR a rendirse y a entregarles al presidente del Consejo de Ministros. Eran cerca de las tres de la tarde y todos estaban sin comer y sin dormir, pero la orden se ejecutó con rapidez. Los tanques se reagruparon con precisión y la columna se puso en marcha por la calle Augusta arriba en dirección a la plaza del Rossio. La gente aplaudía sin cesar a su paso y exhibía nuevas pancartas de apoyo al golpe, contra el régimen fascista y a favor de la independencia de las colonias.

Muchas personas se encaramaban en los tanques y hacían señas a los demás para que se sumasen a la manifestación que estaba empezando a formarse detrás de la columna. Calle del Chiado arriba eran ya más de cinco mil las personas que acompañaban a los blindados de Santarém en la misión más comprometida del golpe. El cuartel del Carmo había sido protegido por medidas especiales de seguridad. La Guardia Nacional Republicana lo tenía anillado con tanquetas antidisturbios y tiradores. Salgueiro Maia observó la pequeña plaza que había frente al cuartel y, desdeñando la resistencia que pudiera encontrar, dispuso el despliegue de los carros en otro cerco más amplio y con los cañones de dos ametralladoras apuntando a la puerta del recinto donde el dictador seguía pegado al teléfono, dando órdenes y desesperándose ante la falta de eficacia que estaban demostrando sus escasos colaboradores leales.

Capítulo XV
«Bueno, voy para allá»

Cuando, como todas las mañanas, Pedro Pinto, el secretario de Estado de Información y Turismo, se dirigía a trabajar al palacio Foz, vio una columna militar en la plaza, intuyó lo peor y decidió no incorporarse al despacho. Pidió al conductor que le llevase al Gremio Literario, el viejo y señorial club cultural de la calle Ivens, enfrente de Rádio Renascença, y allí, pegado a un teléfono, improvisó una oficina. Escuchaba la radio, hablaba con amigos y periodistas que le aportaban información cada vez más negativa y de vez en cuando se comunicaba con algunos miembros del Gobierno, desperdigados por diferentes lugares de la ciudad. Enseguida se percató de que las cosas estaban mal.

A primera hora de la tarde habló una vez más con el cuartel del Carmo. Atendió su llamada Rui Patricio, el ministro de Negocios Extranjeros, y le expuso con crudeza sus impresiones. No se veía ninguna salida. Ambos coincidieron en que habría que negociar una salida honrosa y evitar el derramamiento de sangre. Y ambos coincidieron también en que la persona más indicada para intermediar sería el general Spínola. El secretario de Estado se ofreció para sondear el terreno y el ministro, tras una breve consulta con Marcelo Caetano, le indicó que adelante. Pedro Pinto no perdió tiempo. Llamó a dos de sus colaboradores más eficaces, su secretario Nuno Távora y el jefe de la Sección de Prensa Extranjera, su casi tocayo Pedro Feytor Pinto, persona además conocida por el jefe del Gobierno, y les encargó que fuesen a casa de Spínola y le ofreciesen en nombre del Gobierno entrar en contacto con el presidente del Consejo para negociar.

Spínola los recibió fríamente y después de escucharles un rato les cortó en seco:

—Creo que están equivocados. No soy el jefe del Movimiento de las Fuerzas Armadas ni estoy detrás del golpe. Yo nunca me enfrentaré con las armas al Gobierno de mi país ni pondré al pueblo en peligro de una masacre. —Hizo una breve pausa y prosiguió—: La situación ha llegado a un punto de mucha gravedad y el Gobierno creo que debe tomar alguna iniciativa con urgencia para encontrar una solución. Así que si ustedes creen que yo puedo hacer algo por mi patria, estoy dispuesto a hacerme cargo.

Los dos hombres fueron al Carmo, convencieron al capitán Salgueiro Maia de que les permitiese entrar y transmitieron a Caetano el resultado de la conversación con Spínola. El presidente del Gobierno escuchó sin dejar de mirar al suelo hasta que, al terminar, clavó los ojos en los dos ministros que le acompañaban, y al no obtener ninguna respuesta, admitió:

—Bueno, si el señor general está dispuesto a resolver la situación, por lo menos el poder no caerá en la calle.

Fuera, los gritos de la gente que se seguía concentrando iban en aumento. El capitán Salgueiro Maia comprobó una vez más que sus efectivos estaban adecuadamente desplegados, recorrió con la mirada la multitud que se estaba congregando y con un altavoz de mano, subido a un tanque colocado en avanzadilla, lanzó un ultimátum a la guarnición. Pasaron unos minutos muy tensos que los tiradores aprovecharon para colocar las torretas en posición de disparo y, ante el silencio de los sitiados, dio la orden de fuego. Varias ráfagas segaron la cornisa de la fachada: los cañones, en un primer aviso, habían sido apuntados hacia la parte superior del edificio, por encima de la última fila de ventanas.

Al silencio de las ametralladoras siguieron unos instantes de profundo silencio también entre los manifestantes y en el interior del recinto. Luego empezaron a escucharse gritos de pánico y carreras dentro del acuartelamiento. Salgueiro Maia empuñó de nuevo el micrófono y pidió a la guarnición que saliese alguien a negociar. En la radio, ahora la voz de una mujer, la popular locutora Clarisse Guerra, leía un nuevo comunicado:

Aquí el puesto de mando del Movimiento de las Fuerzas Armadas. Pretendiendo continuar informando al país sobre el desarrollo de los acontecimientos históricos que se están produciendo, el Movimiento de las Fuerzas Armadas comunica que las operaciones iniciadas en la madrugada de hoy se están desarrollando de acuerdo a las previsiones, encontrándose dominados varios objetivos importantes. Su Excelencia el almirante Américo Tomás, su Excelencia el profesor Marcelo Caetano y los miembros del Gobierno se encuentran cercados por fuerzas del Movimiento en el cuartel de la Guardia Nacional Republicana del Carmo y del Regimiento de Lanceros, habiendo sido ya presentado un ultimátum para su rendición. El Movimiento domina la situación en todo el país y recomienda una vez más a la población que se mantenga en calma. ¡Viva Portugal!

—Si no hay respuesta, dentro de un cuarto de hora volaremos el cuartel —repitió hasta tres veces el capitán Salgueiro Maia casi más preocupado por la suerte que pudieran correr las decenas de personas subidas a los árboles que por el desenlace del asedio.

Los minutos pasaban con una rapidez extraordinaria. El capitán y sus ayudantes intuían con consternación, aunque sin perder la calma, que estaban aproximándose momentos dramáticos. La intervención que empezaba a parecer inevitable dejaría centenares de muertos y, además del drama humano, la revolución habría fracasado en uno de sus objetivos: devolver la libertad al pueblo sin tener que pagar por ello con más sangre. Fue en el último momento cuando aparecieron en la puerta del cuartel Feytor Pinto y Távora acompañados por un oficial de la Guardia.

—Tenemos un mensaje del presidente del Consejo para el general Spínola. Necesitaríamos un coche para ir a llevárselo y regresar más rápidos con la respuesta —le dijeron los intermediarios—. Puede usted entrar si quiere para comprobar el carácter de nuestra misión.

Salgueiro puso su *jeep* a disposición de los dos funcionarios, pero con la condición de que les acompañara uno de sus tenientes. Luego, acompañado por el oficial de la GNR, entró en el cuartel, donde se encontró con un panorama desolador. Los disparos habían destrozado unas cañerías y el agua caía de los techos a raudales. Las mujeres de los guardias no ocultaban el miedo que estaban sintiendo y se agolpaban en las ventanas como si estuvieran ateridas de frío. En la antesala a la que fue conducido, el capitán rebelde vio a los todopoderosos ministros Moreira Baptista y Rui Patricio sentados en un sofá, agachados y con las caras recogidas entre las manos, llorando a dúo como verdaderas magdalenas. Tan desconsolados se mostraban que ninguno de los dos reparó en su presencia mientras esperaba. En el despacho contiguo, en cambio, Marcelo Caetano, que acababa de colgar el teléfono, mantenía plenamente la compostura.

Salgueiro Maia saludó con un taconazo. Nunca había visto al presidente del Consejo de cerca y le encontró más envejecido que en la televisión. Llevaba el botón superior de la camisa desabrochado, la corbata holgada y la barba sin afeitar desde hacía bastantes horas. Sin embargo, conservaba un aire de dignidad que quizás por el contraste con el llanto infantil de sus ministros impresionó al capitán. Otelo, en sus memorias, reproduce el diálogo que mantuvieron:

—Haga el favor, señor capitán. ¿Puede informarme de qué es lo que pretende?

—Recibí órdenes terminantes del puesto de mando del Movimiento de las Fuerzas Armadas para formular un ultimátum. O Su Excelencia se entrega o tengo que mandar arrasar el cuartel. En el puesto de mando consideran que la tolerancia que estoy teniendo es excesiva.

—¿Quién manda la revolución? —preguntó Cae tano.

El presidente y el capitán se adentraron en un diálogo condenado al fracaso. Caetano intentó sin éxito conocer la identidad de los jefes del Movimiento y Salgueiro Maia sólo le proporcionó respuestas ambiguas y a veces contradictorias. Apenas precisó que él recibía las órdenes de Oscar, que era el nombre en clave con que el mayor Saraiva de Carvalho respondía dentro del esquema de comunicaciones. Al final fue el capitán quien cortó:

—No sé, señor presidente. Sólo sé que tengo que cumplir órdenes. Por eso exijo la rendición de Su Excelencia. Si no, me veré obligado a arrasar el cuartel.

—Bien —dijo el dictador—Tengo conciencia de que ya no gobierno. Sólo espero que me traten con la dignidad con que siempre he vivido. Di al país lo mejor que sabía y podía y mi conciencia no me acusa de nada. Sé que no dispongo de fuerzas para resistir. Pero no admitiré salir de aquí con vida dejando el país entregado a una máscara que responde al nombre de Oscar y sin saber qué rostro encubre. Le digo esto porque acabo de hablar con el general Spínola, que está en su casa, y me aseguró que él no está ligado a la conspiración.

Salgueiro Maia tardó en reaccionar. La revelación acababa de sorprenderle una vez más.

—Sólo puedo decirle, Excelencia, que tengo órdenes de arrasar el cuartel si usted no se rinde de manera inmediata. Yo tomaré todas las medidas para preservar su integridad física. Saldrá junto con los demás miembros del Gobierno en un blindado y le llevaremos al lugar que el Movimiento de las Fuerzas Armadas determine. Ahora mismo no puedo precisárselo. Pero le repito, si no se rinde, arrasaremos el cuartel.

—No lo haga. Le pido que no tome ninguna decisión precipitada. Ya le pedí al general Spínola que viniese y a él le transmitiré el poder. Además, ya no tengo poder. Digamos que me entregaré a él.

El capitán hizo ademán de ausentarse y el dictador le retuvo con una nueva pregunta:

—Una pregunta más. ¿Cuál es vuestra ideología política?

—No puedo precisar. Pero alguien lo hará hoy mismo.

—¿Y vuestra postura en relación a Ultramar?

—Sobre eso sólo puedo afirmarle que se evitará que Ultramar se transforme en una nueva India.

—Pienso que no es con un golpe de Estado como se resuelve el problema de Ultramar —se despidió Caetano.

Cuando Salgueiro Maia salió a la calle, la multitud estaba enfurecida. Sospechaban lo peor de su prolongada ausencia y la tropa tenía que hacer esfuerzos para contener a grupos de exaltados que intentaban penetrar en el acuartelamiento. El abogado y periodista Francisco Sousa Tavares, todo un símbolo de la oposición al régimen, defensor de presos políticos y él mismo cliente habitual de las mazmorras de la PIDE, se había subido a un camión con el altavoz del capitán y, en el primer mitin libre en medio siglo, intentaba tranquilizar a la multitud.

El viento había cesado, pero el cielo estaba cada vez más encapotado y empezaban a caer gotas.

Los timbres llamando a sesión sonaban en el vacío por los pasillos desiertos del Palacio de São Bento, sede de la Asamblea Nacional. El pleno del Parlamento corporativo del salazarismo estaba convocado en reunión ordinaria para ratificar rutinariamente, como siempre hacía, las últimas leyes promulgadas por el Gobierno, pero la presencia de diputados enseguida se demostró que sería escasa.

Conforme iban llegando, los diputados se miraban con aire de resignación, cuchicheaban algo en voz baja y rápidamente pasaban a ocupar su asiento como si tuvieran prisa por protegerlo. Nadie parecía tener ganas de hablar donde paradójicamente más debería estarse hablando de lo que estaba ocurriendo. El presidente de la Cámara, Amaral Neto, auxiliado por el secretario de la Mesa, contó repetidamente los asientos ocupados. Por vez primera en la historia de la Cámara no había el quorum reglamentario para abrir la sesión. Ordenó hacer sonar de nuevo el timbre por si alguien se hallaba rezagado por algún despacho. Contó de nuevo y comprobó que, pasada ya casi una hora, no había cambios: cuarenta y dos escaños ocupados y cincuenta y ocho vacíos. Faltaban nueve diputados para la mayoría simple imprescindible. Consultó nuevamente con el secretario. Ni siquiera habían acudido todos los taquígrafos, lo que lamentó con un gesto de la cabeza.

Dio un golpe con el mazo y, con voz compungida, se dirigió a los presentes:

—Carecemos de quorum para empezar —hizo una pausa larga, interminable. Levantó el mazo y, con él en alto, prosiguió—: En las actuales circunstancias, no encuentro nada mejor para decir que recordar una frase eterna. De igual modo que en otra tierra y en otras circunstancias, lo que mucha gente espera de nosotros es que sepamos cumplir con nuestro deber.

De un mazazo seco levantó una sesión que nunca llegó a empezar y, sin proponérselo, clausuró un Parlamento que nunca llegó a serlo.

Cuando Feytor Pinto y Nuno Távora llegaron a casa de Spínola por segunda vez, en esta ocasión con una nota manuscrita con la promesa de rendición del presidente del Gobierno, el general parecía de mejor talante. Se ajustó el monóculo para leer el documento, lo examinó detenidamente y comentó:

—Esta no es la letra del profesor Marcelo Caetano. La conozco bien. Además, como les dije, yo no soy el jefe del Movimiento y ellos no me han autorizado para asumir el poder.

Justo en ese momento se oyó un teléfono en algún otro lugar de la casa y unos instantes después se asomó uno de los ayudantes del general, quien le hizo señas de que tenía una llamada importante. Era del propio Marcelo Caetano, atemorizado ante la virulencia con que seguían manifestándose en la plaza.

—Señor general —le dijo el presidente—, tengo que reconocer que estoy vencido. Escucho ahí fuera a una multitud ululante y me dicen que la plazuela está llena de carros de combate mandados por un capitán. Si el Gobierno tiene que capitular, quiero que sea ante alguien que pueda responsabilizarse por el orden público y que tranquilice al país. Le pido por lo tanto que venga aquí cuanto antes.

—Pero, señor presidente —se escuchó decir a Spínola—, yo no estoy en la conspiración.

—No importa. Si no está en la conspiración, yo todavía puedo darle órdenes. Y sé que lo respetarán. Venga cuanto antes.

—Bien —accedió Spínola—voy a ver qué puedo hacer.

El general volvió a donde aguardaban de pie los dos emisarios y les informó:

—Era él. Hablé con el profesor Caetano. Reconocí su voz y ya no necesito una carta, pero, como les anticipé, yo no soy el jefe del Movimiento. Necesito ponerme en contacto con ellos y pedirles un mandato para actuar en su nombre. Van a tener que esperar otro poco.

Spínola, seguido por el teniente coronel Dias de Lima, uno de sus hombres de confianza, volvió al teléfono y tardó en regresar casi un cuarto de hora.

El mayor Hugo dos Santos, que tras sublevar la guarnición de Tomar y ocupar con una compañía los objetivos encomendados acababa de llegar al cuartel de Pontinha, atendió una llamada de tantas como estaban entrando por la batería de teléfonos instalada en la mesa lateral del puesto de mando.

—Soy el teniente coronel Dias de Lima. ¿Puedes pasarme al mayor Otelo, por favor?

Otelo estiró el brazo y empuñó el teléfono, cuyo cable no daba más de sí. Conocía a Dias de Lima de los tiempos de Guinea.

—Entonces, ¿cómo está el señor teniente coronel, se encuentra bien? —saludó en tono cordial.

—Muy bien, muchas gracias. Otelo, nuestro general quiere hablar contigo.

Otelo sintió un sobresalto. Tapó el auricular del teléfono, pidió silencio y gritó a todo pulmón:

¡Es el Viejo quien va a hablar!

—Saraiva de Carvalho, ¿está bien? —era, sí, la voz inconfundible del general Spínola—. Mire, acabo de recibir una llamada del profesor Marcelo Caetano, desde el cuartel del Carmo. Está dispuesto a rendirse y me pide que vaya allá para entregarse. Le respondí que no estaba autorizado por el Movimiento. Por lo tanto, quería avisarlo y conocer su opinión.

—Un momento, mi general —respondió Otelo. Tapó de nuevo el auricular y explicó lo que acababa de oír a los compañeros que se apiñaban a su alrededor—. ¿Qué opináis? —les preguntó.

Los militares presentes, más de una docena, se miraron unos a otros llenos de dudas. Otelo fue poniendo los ojos en cada uno. Al llegar a Vítor Alves y Franco Charais, miembros destacados de la Comisión Coordinadora del Movimiento, observó que ambos asentían con la cabeza. Era sin duda una oportunidad excelente de poner fin a la angustia que se estaba acumulando. Además, Spínola, reflexionó Otelo, era uno de los generales con quienes se había querido contar desde el primer momento.

—Mi general —le respondió—, considérese autorizado por el Movimiento de las Fuerzas Armadas para ir a recibir la rendición del presidente del Consejo y el poder.

—Está bien —respondió Spínola—, allá iré entonces. Ahora bien, en cuanto al destino que se les va a dar a él y al presidente de la República, ¿ya han tomado alguna decisión?

—Si, mi general. Tenemos en el aeropuerto de Portela un avión DC 6 listo para llevarlos a Funchal, donde ya están preparados para recibirlos.

—Bueno, entonces voy para allá.

El reluciente Mercedes negro del general Spínola tardó más de veinte minutos en cruzar los doscientos metros escasos que tiene de fondo la plazuela del Carmo. No cabía ni una persona más en los huecos que dejaban los blindados de la Escuela Práctica de Caballería de Santarém. Los soldados, granadas en torno a sus cinturas, se entremezclaban con los niños, que disfrutaban felices del espectáculo. El pueblo portugués no había dudado a la hora de escoger bando y todo el mundo aspiraba, de manera incluso temeraria, a ser testigo de excepción de la caída de la dictadura. Decenas de jóvenes habían trepado a los muros y tejados multiplicando el peligro. Otros se habían subido a las verjas y ventanas de las viviendas ante el enojo de sus propietarios e inquilinos. Algunos incontrolados asaltaron y desvalijaron un supermercado de las inmediaciones. Los gritos que reclamaban la muerte del dictador y el intento de linchamiento de un hombre confundido con un oficial de la PIDE impulsaron al capitán Salgueiro Maia, convertido ya desde los incidentes del Terreiro do Paço en un nuevo mito, capaz de superar las hazañas de Viriato, a coger otra vez el altavoz y, desde lo alto del *jeep*, solicitar calma:

—Señores —decía—, estamos aquí en nombre de la libertad. Y en nombre la libertad una cosa que no haremos es justicia con nuestras manos. El Estado de Derecho que ahora no existe, pero que va a existir desde hoy, juzgará a quien haya dado motivos para ello.

Spínola permanecía imperturbable en el asiento de mayor respeto del automóvil. Nadie de los que estuvieron junto al coche, vitoreándole con verdadera exaltación, recuerda haberle visto desviar la mirada del frente. Su aspecto imponía autoridad, con su monóculo lanzando destellos cada vez que se encendía el flash de un fotógrafo, los guantes negros en la mano izquierda y la pequeña fusta, símbolo del mando en caballería, en la derecha. El uniforme que había escogido para el momento en su bien repleto armario aparecía impecable, con la corbata perfectamente anudada, la raya del pantalón cortante y los botones del capote —innecesario por otra parte con los dieciocho grados de temperatura que marcaba el termómetro— relucientes.

Ante la entrada del cuartel, en medio de un griterío ensordecedor, descendió lentamente, miró a la multitud con aire de cierta indiferencia y, casi sin responder al marcial saludo del capitán Salgueiro Maia, caminó con paso resuelto hacia el interior. Conocía bien el recinto; apenas había cambiado desde sus tiempos de jefe de la Guardia Nacional Republicana, pero aquella tarde todo parecía más caótico y, desde luego, más sucio que cuando acudía a pasar revista y todo le aguardaba en el más impecable y marcial de los órdenes.

El general encontró al «profesor Marcelo Caetano sentado en un sofá, y aunque se encontrase manifiestamente atormentado, mantenía una actitud serena y digna, al contrario que los doctores Moreira Baptista y Rui Patricio, que en una sala contigua se encontraban visiblemente desmoralizados», recordaría. Al entrar el general, el presidente del Consejo de Ministros se levantó y saludó cortésmente a su visitante. Spínola, en cambio, respondió con frialdad y exclamó en tono de reproche:

—¡El estado en que Vuestra Excelencia entrega el país! Todo esto podría haberse evitado. Pero quizás es tarde para que Vuestra Excelencia reconozca las razones que me asistían.

Caetano, con aspecto grave y actitud digna, cortó en seco el discurso del general.

—Señor general, este no es momento para recriminaciones. Sé que estoy vencido y estoy dispuesto a entregar el poder, pero sólo lo haré a alguien que garantice que no va a caer en la calle.

El general asintió. Ambos materializaron el simbólico acto con un prolongado silencio durante el cual evitaron mirarse a la cara: Marcelo Caetano bajó la vista al suelo y Spínola la dejó perderse en el fondo de la sala. Nadie levantó acta formal, no hubo promesas ni juramentos ni se contó con la presencia de un notario. Fue el ya expresidente quien rompió la tensión.

—¿Y qué van a hacer conmigo, señor general?

—Puedo adelantarle que ya está preparado un avión que llevará a Vuestra Excelencia, al señor presidente de la República y a los ministros más señalados del Gobierno a Madeira. Es una medida de precaución y defensa contra cualquier posible acto de violencia que pueda poner en peligro su seguridad. ¿Dónde está el almirante Américo Tomás?

En medio de la confusión, nadie se había preocupado, ni siquiera acordado, del presidente de la República, que desde su casa en el barrio del Restelo seguía el desarrollo de los acontecimientos con la confianza de que el golpe fuese sólo contra el Gobierno, no contra su alta magistratura institucional.

El mayor Vítor Alves, que instalado en un rincón discreto del puesto de mando no paraba de escribir, escuchó con una sonrisa de satisfacción el comunicado urgente que unos minutos antes había ordenado difundir por la radio:

Aquí el puesto de mando del Movimiento de las Fuerzas Armadas —empezó como venía siendo habitual el locutor—. El Movimiento de las Fuerzas Armadas informa que se concretó la caída del Gobierno, habiendo Su Excelencia el profesor Marcelo Caetano presentado su rendición incondicional a Su Excelencia el general António de Spínola.

Una columna blindada avanzaba lentamente mientras tanto por las calles de la capital, rebosantes de gente cada vez más exaltada por las noticias, en dirección a Pontinha, epicentro hasta esos momentos secreto del golpe. En uno de los blindados, de nombre Bula, Marcelo Caetano, sus dos ministros más cualificados y su ayudante militar estrenaban su nueva condición de detenidos. En otro viajaba el general Spínola, radiante en su inesperado papel de gran libertador de la nación. Y al frente, el *jeep* conducido por un soldado muerto de sueño al cabo de tantas horas llevaba al capitán Salgueiro Maia, que compartía su condición de nuevo héroe lusitano con algunos presentimientos que, desde que había observado el gesto altivo y displicente de Spínola al bajarse del automóvil en el Carmo, no dejaban de atormentarle.

Vítor Alves se acercó a una ventana, levantó el pico de la manta que la tapaba y, mientras contemplaba la luz agonizante de un día que nunca había dejado de parecer noche, escuchó a Otelo dar órdenes para que una compañía ocupase por sorpresa el fuerte militar de Trafaria, donde estaban detenidos los protagonistas del golpe frustrado de Caldas de Rainha, y liberase a los prisioneros; a otra unidad de fusileros de la Armada la envió a tomar posiciones en la calle António María Cardoso, donde los agentes de la PIDE, varios centenares, estaban acuartelados y mostraban indicios de que se aprestaban a ofrecer resistencia. Pero, pensó, los aspectos militares del golpe estaban en vías de superarse y ahora era él quien, como encargado de la cuestión política, tenía por delante dos o tres asuntos importantes que abordar sin demora. Había que preparar la llegada inminente de los miembros del Gobierno y su traslado a Madeira, había que informar al país sobre la nueva situación y, sobre todo, había que constituir cuanto antes la Junta de Salvación Nacional para que asumiese la representación de la soberanía y del Estado.

Sacó un papel del bolsillo y repasó la lista de los miembros de la futura Junta. Al fin habían acordado que fuesen siete, todos ellos con graduación superior a coronel. La Armada y la Fuerza Aérea tendrían dos representantes cada una y el Ejército tres. Uno de ellos debería ser elegido presidente provisional de la República. La elección de los nombres, partiendo de las propuestas de los oficiales del Movimiento de cada arma, había resultado laboriosa. Alguno de los elegidos era tan dudoso de partida que todavía no había sido informado, y otros, como el almirante Rosa Coutinho, apenas lo sabían desde hacía unas horas.

Vítor Alves punteó los nombres y se puso a hacer llamadas telefónicas. La Fuerza Aérea estaría representada por los generales Galvão de Melo y Diogo Neto; la Marina por los almirantes Rosa Coutinho y Pinheiro de Azevedo, y el Ejército por los generales Francisco Costa Gomes y António de Spínola y por el brigadier Jaime Silvério Marques. Diogo Neto estaba destinado en Mozambique y, por lo tanto, por mucha prisa que se dieran en informarle no podría incorporarse antes de dos días. Costa Gomes, que sí que llevaba tiempo alertado y que ante la general extrañeza había pasado la noche en el hospital, ya estaba en su casa y anunció que acudiría rápidamente. De avisar a los marinos, ambos ya alertados de la alta misión que les aguardaba, se estaba encargando Vítor Crespo. Faltaba sólo localizar e informar al brigadier.

El mayor sólo sabía que Jaime Silvério Marques era hermano de Silvino Silvério Marques, uno de los generales jóvenes más identificados con la dictadura y que ocupaba el puesto de director de los Servicios de Transportes del Ejército. Tuvo que hacer varias llamadas, todas ellas sin éxito, para localizarle y entrar en contacto con él. En la última obtuvo una respuesta que le dejó frío. Cuando colgó se dirigió hacia Otelo, que cada vez parecía más nervioso con las noticias que llegaban del cuartel de la PIDE.

—Estos tipos de la PIDE siguen jodiendo, tú —le dijo Otelo—. Han empezado a disparar desde las ventanas… Están locos. Como no se rindan inmediatamente mandaré volar el cuartel.

—Y no es eso sólo —replicó Vítor Alvos—¿Sabes que el brigadier Jaime Silvério Marques que tiene que formar parte de la Junta de Salvación Nacional está preso? Y además montó un número terrible cuando le detuvieron. Le tienen en la residencia de oficiales del Batallón de Cazadores, en Campolide, con otros detenidos, y me cuentan que es el que está armando más bronca de todos. A ver cómo le explicamos…

El mayor Fontão, encargado de tan delicada misión, no encontró ninguna facilidad por parte del brigadier cuando fue a pedirle disculpas y a explicarle su nueva condición política. Silvério Marques, hombre altivo y prepotente, creyó que se trataba de una trampa para alejarle de sus compañeros y probablemente para fusilarle al amanecer y reaccionó con virulencia. Tardó mucho en convencerse, quizás porque ni en su currículum ni en su manera de pensar había razones claras para ello, de que la suerte le estaba deparando la posibilidad de convertirse en jefe de sus carceleros.

Capítulo XVI
Los claveles del aniversario

El propietario del restaurante Francinhas miró con desolación el local vacío, las puertas cerradas, la luz apagada y la decoración montada con tanto esmero para celebrar el primer aniversario. Las calles rebosantes de gente recordaban los atardeceres de las verbenas populares de junio. La alegría era desbordante, y seguro que si abría las puertas el establecimiento se llenaría, pero la radio seguía pidiendo calma e instando a los negocios públicos a permanecer cerrados. Se rascó la cabeza, dio un puñetazo sobre la escribanía y apagó la lámpara que tenía sobre la mesa.

—Entonces, ¿tampoco vamos a abrir para la cena? —preguntó el cocinero, cuchillo en mano y gorro recién estrenado en la cabeza.

—No. Estoy viendo que no. Ha sido mala suerte. Estos militares podían haber buscado otra fecha.

—Vamos a perder mucha comida —se lamentó el cocinero.

—Paciencia —se resignó el propietario—, A ver mañana qué ocurre.

Los empleados cambiaron el uniforme por la ropa de calle y empezaron a desfilar. Ana Bela, la camarera, al despedirse, le dijo al dueño.

—Y las flores, ¿qué hacemos con ellas? Las tengo en agua, pero para mañana…

—¡Qué vamos a hacer! Si usted quiere llevarse alguna para su casa, aproveche antes de que se estropeen.

—Si no le importa.

—Haga el favor. ¡Lleve las que quiera!

La mujer cogió un manojo de claveles rojos y, embriagada por la fragancia que despedía su olor, salió al exterior y echó a andar calle abajo. En la plaza del Marquês de Pombal había un jolgorio impresionante. Tanto que se asustó un poco y, en vez de acercarse, torció a la derecha y caminó por la avenida de la Liberdade abajo hasta la altura del hotel Tivoli. Allí vio cómo la gente rodeaba a una formación de soldados que subía desde el Rossio. Algunos les abrazaban como a héroes, otros incluso les levantaban y les paseaban a hombros por la avenida como a los toreros en tarde triunfal y no faltaban personas, sobre todo mujeres, que les traían bocadillos de chorizo y queso de la cervecería Ribadouro que los soldados, más que comer, devoraban.

—Tienen que estar agotados. Y, pobres, no han comido nada desde anoche —oyó que alguien decía a su lado.

La mujer se acercó un poco más y pensó en su hijo, que pronto tendría que hacer el servicio e ir a la guerra. No quería ni pensarlo. A ella las armas nunca le habían dado buena espina y los militares no le gustaban, pero al ver de cerca a aquellos soldados con cara de niños comiendo lo que les ofrecían cuando les tocaba sintió pena y se lamentó de no estar cerca de su casa para llevarles algo. ¿Cómo lo estarían pasando de mal sus madres en los pueblos sin noticias suyas? Poco a poco sus sentimientos de solidaridad se fueron contagiando también del espíritu de fiesta que se estaba viviendo. Ella nunca se había preocupado por las cuestiones políticas ni había sentido demasiado la falta de libertad, pero tampoco la molestaba, antes al contrario, que cada uno pudiera hacer lo que le viniese en gana. Así que, de repente, sintió que la alegría también la invadía a ella y, en un gesto instintivo, destinado sin imaginárselo a hacer historia, empezó a repartir los claveles entre los soldados para que los luciesen en sus solapas. Algunos, sin embargo, luego de olerlos con delectación, optaron por engarzarlos en el cañón del fusil antes de enarbolarlo en señal de victoria.

—Ahora vamos a ver al Señor de la Guerra...— murmuró Salgueiro Maia al oído del teniente al tiempo que saltaba del *jeep* y corría a cuadrarse ante el coche del general Spínola a la puerta del cuartel de Pontinha.

La mayor parte de los oficiales del puesto de mando salieron a recibir al primer miembro de la Junta que llegaba a asumir sus funciones. El general llegó imbuido de su condición napoleónica, miró con aire complaciente a los protagonistas del cambio que estaba comenzando, hombres que se habían jugado la libertad y la carrera, y les dijo:

—Esto que han hecho ha sido algo extraordinario. Acaban de llevar a buen término, de manera ejemplar, un acto de gran trascendencia para la historia de nuestro país. A partir de ahora podremos construir una sociedad diferente en un país nuevo. La patria os está muy agradecida.

El capitán Salgueiro Maia se cuadró de nuevo y le pidió permiso para dar un descanso a la tropa. Hasta aquel momento Spínola no parecía haber reparado en el héroe del día. Entonces se quedó mirándole atentamente y le preguntó:

—¿Con qué fuerza cuenta, capitán?

—Con dos escuadrones de caballería y catorce carros, señor.

Spínola echó una ojeada a los blindados que se alineaban a la entrada del cuartel, meneó la cabeza con desaprobación y le dijo:

—Usted no tiene graduación suficiente para mandar una fuerza así.

El general se volvió hacia el mayor Manuel Monge, que estaba cerca, y ante su sorpresa, que le dejó sin capacidad de reacción, le ordenó:

—Mayor, asuma el mando de estas fuerzas.

Casi nadie, salvo los dos interesados, se dio cuenta del detalle. El general entró en el regimiento y empezó a interesarse por los elementos con que contaba el puesto de mando y el estado de las operaciones. Mientras tanto, uno de sus ayudantes empezó a nombrar sin consultar con nadie a los jefes de las unidades que a lo largo del día habían quedado descabezadas. Varios miembros del Movimiento que se hallaban presentes fueron sorprendidos con las nuevas responsabilidades y poco a poco abandonaron la sala para ir a cumplir el cometido que les acababa de ser asignado sin detenerse a considerar con qué autoridad o legitimidad.

Alrededor de tres mil personas se agolpaban en los alrededores del cuartel general de la PIDE. Muchos conocían bien el interior del caserón, donde habían permanecido días y días sometidos a todo tipo de torturas y vejaciones, y sólo recordarlo encendía sus ánimos. A diferencia del resto de la ciudad, allí el ambiente distaba mucho de ser festivo. De vez en cuando se asomaba por la ventana con aire retador alguno de los agentes y entonces los gritos de venganza retumbaban en todas las calles vecinas.

Algunos manifestantes no ocultaban en sus gestos y actitudes el deseo de venganza. La tensión iba en aumento. El capitán Andrade Moura, que se hallaba al mando de las fuerzas que protegían el Terreiro do Paço, recibió la orden de reforzar el cerco establecido por los marinos e intentaba acercarse con varias tanquetas armadas con ametralladoras, pero la gente le impedía avanzar. Cuando se hallaba cerca escuchó unas ráfagas seguidas de un griterío bien revelador de que liquidar la dictadura sin sangre ya iba a ser imposible. Algunos torturadores apostados en las ventanas acababan de cumplir su siniestro propósito de irse al paro... matando.

Los cañones de las ametralladoras vomitaron fuego a quemarropa contra la multitud y en cuestión de segundos dejaron en el suelo cuatro muertos y una treintena de heridos. El terror de la PIDE, la pesadilla que durante tantas décadas había perseguido a los portugueses, seguía resistiéndose, por lo menos una noche más, a dejarlos dormir tranquilos.

La austeridad del lugar enmarcó la primera reunión de la Junta de Salvación Nacional con los representantes del Movimiento de las Fuerzas Armadas que depositaban en ella el poder. A un lado de la mesa alargada, los generales y almirantes contemplaban la escena con extrañeza, y al otro los jefes y oficiales que en dieciocho horas de tensión acababan de poner fin a cuarenta y ocho años de dictadura, con preocupación. Tres miembros de la Junta —Spínola y los dos almirantes— habían acudido uniformados, y los otros tres generales vestían traje y corbata. Todos ellos lucían impecables, como recién salidos de la ducha y listos para ir a una recepción. Los miembros del Movimiento, en cambio, estaban sin afeitar, con sus uniformes de campaña arrugados y mostrando en sus rostros las lógicas secuelas de una noche sin dormir y sujeta a todo tipo de tensiones. La representación en tan señalado momento la habían asumido los miembros de la Comisión Política del Movimiento, el teniente coronel Franco Charais, los
mayores Vítor Alves y Vítor Crespo y el capitán del Aire Costa Martins, recién llegado del aeropuerto de Portela cuya ocupación había encabezado.

Vítor Alves explicó de manera concisa y eludiendo la tentación retórica del momento los pasos que en su opinión había que seguir y, el primero de todos, dar a conocer al país el manifiesto que el

174

Movimiento tenía preparado. Era urgente dar a conocer al pueblo las razones que habían impulsado a las Fuerzas Armadas a intervenir como lo habían hecho y anticiparle el programa de actuación que se habían propuesto como respuesta a los problemas que los portugueses estaban afrontando, fundamentalmente la democratización, el desarrollo y la descolonización. La mayor parte de los miembros de la Junta ya conocían la declaración (el único que no la había leído era el brigadier Silvério Marques), y algunos, como el general Spínola, habían introducido algunas correcciones que los encargados de la redacción final habían incorporado, así que lo que procedía era autorizar su difusión.

—Bueno —respondió Spínola, quien había asumido la presidencia de hecho de la reunión—, la declaración política habría que revisarla. El borrador contiene algunos extremos que debemos discutir.

Los representantes del Movimiento, que esperaban una reunión de puro trámite, se quedaron de piedra. No era lógico que se pusiese a discusión un manifiesto preparado por quienes habían promovido el golpe por propia iniciativa y se habían arriesgado en su ejecución. Además, el general Spínola era el menos indicado para cuestionar el manifiesto, puesto que una parte de su contenido era suyo. Lo había tenido antes y lo había corregido. Varios miembros de la Junta echaron un nuevo vistazo a la declaración mientras Spínola discutía con Alves y, cuando les llegó el turno de hablar, se encogieron de hombros. Alguno incluso manifestó verbalmente que le parecía bien. Silvério Marques, en cambio, se puso del lado de Spínola y dejó bien claro en su intervención que si no se reformaba el texto él se iba a su casa o a donde le llevasen. Fue el teniente coronel Charais quien, haciendo uso de su condición de representante del Movimiento con mayor graduación, respondió:

—No entiendo nada, mi general. Usted ya conocía el programa, que fue modificado varias veces siguiendo sus deseos al pie de la letra.

Spínola no aceptaba la inclusión del reconocimiento del derecho a la autodeterminación de los pueblos africanos ni era partidario de la disolución inmediata de la PIDE. Sobre este punto, el general Costa Gomes y el almirante Rosa Continúo concordaban con él en parte. Ambos eran partidarios de que la policía política se mantuviese en las colonias como un servicio de información militar mientras durase la guerra. Vítor Crespo, en un momento de la discusión, lanzó una advertencia poco sutil que enseguida calentó el ambiente.

—Los tanques aún están en la calle y no veo problema alguno para que continúen ahí hasta que las cosas queden bien claras.

Pero la autoridad de seis generales y almirantes frente a cuatro jefes y oficiales acabó imponiéndose. Ayudaron, también es cierto, el reloj, que avanzaba inexorable hacia la madrugada, y el sentido común, que imponía una comunicación tranquilizadora antes de que la gente se fuese a la cama. Una columna blindada escoltó a los miembros de la Junta hasta los estudios de la RTP en Lumiar y allí, en un estudio iluminado deprisa y corriendo, rodeado por sus compañeros, el general Spínola, muy en su papel de presidente, se colocó ante las cámaras de la televisión y dirigió el primer mensaje a la nación. Sus palabras tuvieron un efecto balsámico. No fueron brillantes, pero consiguieron tranquilizar a los fascistas derrotados y reafirmar la ilusión de los demócratas vencedores. Luego, los miembros de la Junta volvieron a reunirse, ya en Cova da Moura, sede del Ministerio de Defensa, hasta pasadas las ocho de la mañana. Nadie podría imaginarse, al ver sus caras sonrientes a pesar del cansancio, las dificultades que habían tenido para entenderse.

Agotados, casi vencidos por el sueño, Otelo y sus compañeros se vistieron las guerreras en silencio y echaron a andar hacia la cantina del regimiento a recobrar fuerzas con un café bien cargado.

—Oye, al general Spínola ¿quién le propuso para la Presidencia? —preguntó pasillo adelante uno de los oficiales.

—Que yo sepa, el profesor Marcelo Caetano —respondió otro, volviéndose hacia atrás y sin ocultar un rictus de humor sin gracia.

Capítulo XVII
Ponte 25 de Abril

Había amanecido un día nuevo, sin nubes en el horizonte ni amenazas de tormenta por poniente. Los primeros rayos de sol se reflejaron en las alas del avión DC 6 de la Fuerza Aérea que rodaba a gran velocidad por la pista del aeropuerto de Portela. Era el primer vuelo que despegaba después de permanecer cerrado al tráfico durante más de veintiséis horas. A bordo viajaba un grupo de pasajeros muy especial: serios, cabizbajos y con el aspecto cansado que acentuaba la barba de dos días, el expresidente de la República, el expresidente del Gobierno y los ministros de Interior y Negocios Extranjeros volaban ya hacia la primera etapa de su exilio: la isla de Madeira.

Al embarcar, Marcelo Caetano extendió la mano al jefe de la Policía Militar que le custodiaba y le agradeció la consideración con que había sido tratado. Antes de abandonar el calabozo improvisado del cuartel de Pontinha, tanto él como el exministro del Interior habían prestado un servicio importante para la normalización del régimen recién nacido. El exdictador llamó al presidente de la República, Américo Tomás, para recomendarle que no opusiese resistencia a su detención, y Moreira Baptista se puso en contacto con el director de la PIDE, mayor Silva Pais, para ordenar a la policía política que se rindiera.

A muchos miles de kilómetros, del otro lado del mundo, a bordo del avión de la compañía Air Vietnam con destino a Hong Kong que acababa de despegar del aeropuerto de Saigón, el heredero de la Corona portuguesa, duque de Braganza, meditaba la noticia que acababa de proporcionarle su anfitrión, el presidente del Parlamento de Vietnam del Sur. Le había telefoneado muy temprano para decirle: «Ha habido un golpe de Estado en su país y parece que el hombre fuerte es su general. Enhorabuena». Don Duarte sospechó que se trataría del general Spínola porque era del que habían estado hablando durante la cena. Tres horas más tarde, en Macao se enteró de muchos detalles, y en silencio, con cara de póquer, se alegró al conocer que entre los miembros de la Junta figuraban el general Galváo de Melo y el brigadier Silvério Marques, que eran monárquicos, y el propio general Spínola, que también en repetidas ocasiones había expresado sus simpatías por la causa. El aspirante a la Corona, en un gesto quizás poco meditado, se apresuró a enviarle un telegrama con su felicitación.

Más cerca, en un noveno piso del bulevar Garibaldi de París, la actriz María Barroso revolvía en los armarios, cerraba maletas y comprobaba que no quedaba nada olvidado en los cajones mientras se preparaba para una mudanza precipitada. Se había resignado a hacerlo ella todo porque su marido, el abogado y político exiliado Mário Soares, no se despegaba del teléfono. Cada vez que terminaba una conversación iniciaba otra y en cuanto dejaba colgado el aparato un instante sonaba de nuevo. Ella misma había atendido la última llamada de Raúl Regó, quien desde su anárquico despacho en el periódico *República*, del que no había salido desde hacía un montón de horas, le describió por encima el ambiente inenarrable que reinaba en la ciudad. El diario había sacado a la calle una edición especial con la noticia del golpe y un antetítulo que estaba haciendo fortuna: «Este periódico no ha sido visado por ninguna comisión de censura». Era el estreno de la libertad de prensa.

—Tenéis que venir cuanto antes —le había dicho Regó—. Mário hace mucha falta aquí.

—Iremos en cuanto se abra la frontera —le respondió—. Guárdame un ejemplar del periódico, que quiero enmarcarlo.

A mitad de camino entre París y Lisboa, en un despacho de la Presidencia del Gobierno, unos cuantos altos cargos del Gobierno español observaban atentamente en un monitor llevado desde Prado del Rey las imágenes que Televisión Española había estado recibiendo y emitiendo sin ninguna reserva sobre el golpe de Estado en Portugal. Lo más espectacular era la euforia de los portugueses, un pueblo tenido siempre por tristón y melancólico. La gente abrazaba a los soldados y se subía a los tanques engalanados con flores y globos haciendo el signo de la victoria con los brazos. A algunos les impresionaba la identificación existente entre los militares y el pueblo, al tiempo que para los analistas de los servicios de información españoles lo que les resultaba más sorprendente era la casi nula capacidad de reacción que había demostrado el régimen.

—Tanto comerse al mundo, tanta pertenencia a la OTAN y al final al Gobierno se lo lleva un resoplido —comentó uno de los presentes.

—Aquí esto lo hubiese resuelto una compañía de la Guardia Civil en un par de horas —apostilló otro en tono de desdén.

Pedro Feytor Pinto llegó exultante a su despacho en el Palacio Foz, sede de la Secretaría de Estado de Información, donde se encontró con todos los empleados de la antevíspera pero a ninguno de los jefes. El protagonismo que había tenido como correo para la rendición del presidente del Gobierno le situaba en un lugar destacado de los titulares de los periódicos, y aunque temía ser destituido en breve consideró que no por ello debería dejar de hacer lo que se imponía hacer. En cuanto se despojó de la gabardina y escuchó las felicitaciones de sus secretarias, llamó a Leonor Custodio, una activa y bien preparada redactora de la sección de prensa extranjera, y le comentó:

—Vamos a montar una sala internacional de prensa. Están llegando enviados especiales de todo el mundo y hay que atenderlos y darles facilidades.

Leonor Custodio ya había visto al entrar a varios periodistas, inconfundibles con sus cazadoras llenas de bolsillos, muchos cargados con cámaras fotográficas y todos a la búsqueda de una acreditación para poder moverse con alguna garantía dentro de la confusión general en que se hallaba sumido el poder. La sala elegida estaba en la planta baja, con buen acceso desde la calle y capacidad para unas cuarenta personas. La funcionaria echó una ojeada al local, dio algunas instrucciones a los encargados del mantenimiento del edificio y pidió al almacén un par de docenas de máquinas de escribir con teclados diferentes. Enseguida se pusieron de acuerdo sobre la distribución del espacio. Montarían una oficina de acreditaciones, una redacción con máquinas y folios y, al fondo, una batería de aparatos de télex y teletipos. Estaban enfrascados adoptando estas previsiones cuando asomó por la puerta entreabierta un hombre alto, corpulento y con cara de niño que, en un perfecto portugués, saludó y dijo:

—Soy de la agencia Tass. Ruso.

Leonor Custodio y sus compañeros se miraron con cara de sorpresa. Nunca habían visto a un ruso.

Los intérpretes de la revista *Ver, oír y... callar*, la obra de moda en el parque Mayer, fueron convocados a primera hora para un imprevisto ensayo general. La noche antes no había habido espectáculo y habían podido acostarse antes. Claro que el descanso extra no había sido igual para todos. El guionista, César de Oliveira, lo aprovechó para introducir algunos cambios en el guion que el director de la pieza quería incorporar en cuanto volviese a abrir el teatro. Cerca del escenario, en el taller de decorados, los rotulistas y electricistas montaban apresuradamente un cartel luminoso con la silueta de unas bailarinas escasas de ropa y unas letras gigantescas salpicadas de estrellitas que anunciaban la obra... *Ver, oír y... hablar.*

En Ponta Delgada, el mayor Melo Antunes y el capitán Vasco Lourenço se comían las uñas teniendo que ver por televisión el ambiente que se estaba viviendo en Lisboa. Cada vez que llamaban al aeropuerto para saber cuándo saldría el primer avión para la capital la telefonista les respondía que Portela estaba cerrado al tráfico y no tenían indicación de cuándo volvería a operar. Mientras tanto, el capitán Salgueiro Maia, casi avergonzado por la popularidad que sin proponérselo había conseguido, llamó a formar a los dos escuadrones que con tanta firmeza habían puesto cerco a la dictadura, les pasó revista con una simple mirada, se subió al *jeep* de un salto y con el brazo ordenó emprender el regreso al cuartel. En Santarém eran esperados como auténticos héroes.

En el puesto de mando del cuartel de Pontinha, rotos por el cansancio, la tensión y el sueño, pero reconfortados con el café y orgullosos del éxito, los recién bautizados «Militares de abril» se despidieron entre sí con abrazos y buen humor. García dos Santos contaba y recontaba la lista del material y daba órdenes para desmontar las antenas. Otros, ya en la puerta, seguían comentando los incidentes y anécdotas. Otelo Saraiva de Carvalho recogió los papeles con las notas que había ido tomando sobre la marcha, se arregló el uniforme, rebuscó en el bolsillo la llave del coche, que llegó a creer extraviada, y, tras un gesto de despedida con la mano a los soldados de la puerta, enfiló la autovía de Estoril en dirección a su casa de Oeiras. Muy cerca, en la prisión de Caxias, los familiares de los cuatrocientos presos políticos recién liberados lloraban de emoción estrechándolos entre sus brazos al tiempo que los familiares de los cuatrocientos agentes de la PIDE hechos prisioneros aguardaban con los rostros compungidos el momento de poder pasarles las bolsas y hatillos con los enseres y útiles de aseo necesarios para hacerles más llevadera su nueva condición de presidiarios. Una a una, las celdas que iban dejando libres las últimas víctimas de la represión pasaban a ser ocupadas por los sicarios del régimen, que tras una larga noche de resistencia suicida habían empezado a entregarse.

El viejo Estado Novo salazarista, que durante casi cincuenta años había hecho alarde de mantener bajo su férrea autoridad a los ciudadanos, repartidos por tres continentes, de Portugal, Angola, Guinea Portuguesa, Cabo Verde, Santo Tomé y Príncipe, Mozambique, Timor y Macao, apenas había tardado veinticuatro horas en convertirse en historia. Historia triste, pero historia al fin y al cabo. La alegría con que fue recibida su defunción permitió que pudiesen ser manos anónimas del pueblo, que lo había sufrido en silencio, las que borrasen los escasos recuerdos materiales que, excediéndose en la soberbia de su austeridad mortificante, el régimen había dejado.

Muy temprano por la mañana, un macabro plástico negro cubrió de arriba abajo la estatua de Oliveira Salazar que se levantaba en el jardín interior del Palacio Foz mientras que un spray de tinta también negra, manejado por temblorosos y quizás aún temerosos dedos anónimos, emborronaba la placa que daba el nombre del dictador a su gran obra pública, el orgullo con que se fue al cementerio, el impresionante puente sobre el Tajo, y la sustituyó por una pintada de trazos rugosos que dictaminó el vuelco político con mayor precisión que todas las leyes extraordinarias con que apareció la edición especial del *Diario da República*: «Ponte 25 de Abril». Un anacronismo histórico, sin duda, pero un cambio justo también.

Más justo, desde luego, que el que aguardaba a Pedro Oom, el intelectual incomprendido y escritor sin suerte por cuyas colaboraciones en prensa sólo parecían interesarse los funcionarios de la censura, que cada semana le destrozaban los artículos, y los inspectores de la PIDE, que cada dos o tres meses se cebaban en sus convicciones políticas casi masoquistas. No había conseguido dormir en toda la noche, borracho de felicidad como se sentía, prisionero de la emoción como había caído, víctima de la euforia como estaba siendo.

Pedro Oom no podía ni hablar. Escuchaba la radio y le saltaban las lágrimas, miraba la televisión y el esófago se le subía hasta las amígdalas. Madrugó a comprar los periódicos, temeroso de que se agotaran y, con ellos bajo el brazo sintió, de regreso a casa, que las piernas le fallaban. A sus cuarenta y siete años, todo su cuerpo empezaba a comportarse como el de un niño. Sus músculos se habían vuelto incontrolables. Se sentó en el sofá y fue extendiendo los periódicos sobre la mesa. Todas las portadas eran igual de expresivas. Hasta los fascistas de *Época* titulaban a seis columnas: «Un movimiento militar depone al Gobierno».

—¡Que se jodan! —quiso exclamar, pero la voz no le salía.

¡Y la primera de *República*! ¿Quién lo iba a decir unas horas antes? Pasó algunas hojas, contempló las fotografías e, igual que en un sueño, se dejó caer hacia atrás, con la cabeza ladeada, la mano izquierda ingrávida, los ojos entrecerrados, la mente vagando en el vacío y la sonrisa de felicidad apagándose lentamente por el cosquilleo acerado que le producía en el cuello la sangre que pujaba sin éxito por desatascar el trombo con que la emoción había taponado los aliviaderos de su corazón. Su tumba, en el cementerio de los Prazeres, que por primera vez en su historia tuvo justificación para su nombre, sigue aguardando por el más preciso de los epitafios de entre tantos como allí se reúnen: «Pedro Oom, Falleció de alegría por ser libre».

Epílogo

Librarse de una dictadura siempre es motivo de alegría. Los portugueses lo celebraron con claveles ensartados en las bocachas de los fusiles de los soldados liberadores, quienes, al liberar al país de la opresión salazarista, iluminaron las calles desbordadas por la ilusión del comienzo de la libertad, que tanto tiempo se había hecho esperar. Y aunque la esperanza celebrada durante esas horas de euforia, con el paso de las décadas, no se frustró: cincuenta años después, el Portugal democrático brilla por su estabilidad y progreso.

También es importante reconocer que no todo fue fácil. Tras la caída del régimen, que controlaba y reprimía con mano dura incluso el pensamiento de las personas sometidas a la censura, tanto en los medios de comunicación como en las conversaciones privadas de las familias, la policía política del régimen (la tristemente célebre PIDE) contaba con cientos de miles de espías en todo el territorio nacional, vigilando que todo se mantuviera bajo control. La caída del gobierno del timorato sucesor de Salazar, Marcelo Caetano, abrió inicialmente un período de promesas de reformas institucionales que pronto se revelaron falsas, frustrando las esperanzas puestas en el cambio.

Tras las celebraciones del 25 de abril, los problemas se acumularon ante la imprevisión de los promotores del cambio y la consolidación del poder creó un vacío que no tardaría en derivar en caos. El regreso a Lisboa de los líderes de los dos grandes partidos en el exilio, el comunista Álvaro Cunhal y el socialista Mário Soares, así como la rápida creación de dos nuevos partidos, el liberal PPD de Francisco Sá Carneiro y el conservador CDS de Diogo Freitas de Amaral, anticipaban una buena base para el establecimiento de un sistema democrático de corte europeo, pero el protagonismo, no exento de ambiciones, de los militares vencedores complicaba la solución.

Los débiles gobiernos que se fueron sucediendo en las primeras semanas carecían de capacidad para enfrentar los problemas más urgentes: implantar las bases de un Estado desarbolado, susceptibles de llevar al país al sistema democrático, que los grupos extremistas surgidos en medio de la confusión obstaculizaban. Otro reto era resolver el final de las guerras coloniales y proceder a conceder la independencia a aquellos territorios de forma segura y ordenada. La presión ejercida por los líderes independentistas, respaldada por los gobiernos de los países libres, imponía una urgencia que la situación interna, sometida a múltiples tensiones en los despachos y en las calles, no facilitaba.

La habilidad diplomática del capitán Ernesto Melo Antunes, encargado del Ministerio de Negocios Extranjeros, unida a la capacidad negociadora de su sucesor, el socialista Mário Soares, consiguieron en cuestión de meses que el último imperio colonial que subsistía en el mundo incrementase el número de miembros de las Naciones Unidas con seis nuevos países soberanos, cinco en África —Guinea Bissau, Cabo Verde, Santo Tomé y Príncipe, Angola y Mozambique— y uno en Asia, Timor Oriental. Tanto la influencia de los militares descolonizadores, imbuidos de ideas marxistas, como el respaldo de la Unión Soviética y Cuba a los gobiernos recién creados, todos ellos nacidos bajo principios y estructuras comunistas, jugaron un papel importante.

Pero los problemas no fueron solo externos; el regreso de más de un millón de familias instaladas en los territorios descolonizados, con difícil acomodación entre los nueve millones de habitantes del país, puso a prueba la solidaridad de los portugueses para acogerlas y ayudarlas en su adaptación, frente a la escasez de alojamientos y puestos de trabajo. La crisis económica abierta había forzado la disolución del escudo, el hundimiento de muchas empresas y la multiplicación del desempleo. En realidad, fueron ellos, conocidos como retornados, quienes enseguida consiguieron salir de su angustiosa situación emprendiendo nuevas actividades.

La llegada triunfal a Lisboa pocas horas después del golpe de los ya bautizados «capitanes de abril», de Álvaro Cunhal, líder del partido comunista clandestino, después de más de una década en el exilio, revitalizó al partido, el único en Europa Occidental que se mantenía fiel a la ortodoxia leninista, promocionada en buena medida por la Unión Soviética. Con la OTAN, organización entre cuyos miembros el Portugal salazarista era la única dictadura, observaba inquieta lo que estaba pasando en un país que sorpresivamente amenazaba con convertirse en el primer régimen comunista de Europa Occidental.

La irrupción del Partido Comunista, con su militancia secreta ansiosa por salir a la calle, entró en colisión con las organizaciones de extrema izquierda que se disputaban el poder popular, con manifestaciones cotidianas que alteraban el orden público y paralizaban la productividad. El descontrol político y social acabó en un proceso revolucionario, en el que se enfrentaban algunos de los militares del 25 de abril, como Otelo Saraiva de Carvalho, con Vasco Lourenço, los dos protagonistas más decisivos.

Siempre bajo la orientación de Cunhal y la dirección activa del coronel Vasco Gonçalves, se intervinieron muchas empresas, incluidos pequeños negocios autónomos, y se nacionalizaron los latifundios agrícolas de algunas regiones, especialmente en el Alentejo. A lo largo de dos años, Portugal estuvo etiquetado como un país comunista, del que habían huido muchos propietarios y políticos conservadores. La CIA y el KGB actuaban infiltrados en el caos reinante, patrocinando las organizaciones más activas de extrema izquierda, como el omnipresente RRPP, capitaneado por el exaltado e ideológicamente dudoso Arnaldo Mattos.

Tras dos años largos de caos, el general Antonio Ramalho Eanes, militar de prestigio y ajeno al enfrentamiento dentro del entramado castrense y político imperante, tomó la iniciativa y con un puñetazo encima de la mesa consiguió recuperar el orden necesario para la institucionalización de la democracia, que al fin de cuentas era el objetivo de la revolución del 25 de abril. Prácticamente sin encontrar resistencia, la situación se fue clarificando y pocos meses después se celebraron las primeras elecciones que inaugurarían el actual período de estabilidad que se fue imponiendo y superando obstáculos.

Aunque la sombra del Consejo de la Revolución se mantuvo algún tiempo, en la práctica como segunda cámara del sistema institucional, su paulatina pérdida de poder e influencia decayó, dando paso a un sistema semipresidencialista, fundamentado en una Constitución con un presidente de la República en la jefatura del

Estado, nombrado por elección directa, un Parlamento unicameral, la Asamblea de la República, y un primer ministro jefe del Gobierno designado por la mayoría de la Asamblea, pero investido por el presidente, quien mantiene abierta la posibilidad de destituirlo.

La actividad política pluripartidista, con organizaciones de todo el espectro ideológico, quedó afianzada en un bipartidismo integrado por el Partido Socialista (PS), de centro-izquierda, y el Partido Social Demócrata (PPD), de centro-derecha, que se han venido alternando en el Gobierno, apoyados en algunas legislaturas por formaciones minoritarias como el derechista CDS, el comunista PCP o el extremista Bloco de Esquerda (BE). A lo largo de estas décadas no faltaron momentos difíciles y situaciones complejas, como de hecho ocurre en todas las democracias europeas.

La incorporación a la Comunidad Económica Europea (CEE), que entonces contaba con diez miembros, fue desde un principio el principal objetivo compartido por los sucesivos gobiernos. Tras unas negociaciones complejas, complicadas por las dificultades económicas rayanas en la pobreza y la adaptación legislativa a las exigencias comunitarias, iniciadas en 1975, en junio de 1977 Portugal se convirtió, el mismo día que España, en miembro de pleno derecho de la hoy Unión Europea (UE). Ese fue un nuevo día histórico que abrió para Portugal una etapa de prestigio internacional y prosperidad nacional.

La diplomacia lusa enseguida colocó al país entre los más influyentes en las instituciones europeas en Bruselas, como João Negrao, director de la Oficina de Propiedad Intelectual, o José Manuel Durão Barroso, presidente de la Comisión a lo largo de dos legislaturas. El ex primer ministro socialista António Guterres es el secretario general de las Naciones Unidas y sin duda el diplomático con mayor influencia en el ámbito internacional en una etapa convulsa, marcada por las guerras entre Rusia y Ucrania y entre Israel y la milicia terrorista Hamás por el control de la Franja de Gaza.

Los dirigentes que se han venido sucediendo desde entonces en Lisboa han sabido convertir hábilmente su condición de potencia media, alejada de los bloques decisivos de cada momento, en una posición de equilibrio activo que les ha permitido incrementar paulatinamente su influencia y mantenerla al servicio de la paz y la cooperación mundial. Las fuerzas armadas portuguesas, las sucesoras de la revolución de los Claveles, están contribuyendo a la paz mundial actuando en la separación y mediación en varios conflictos, al igual que la diplomacia es un activo importante en la mediación en conflictos.

Claro que también se han producido hechos y sucesos que empañaron la evolución en conjunto positiva de la etapa postrevolucionaria. La muerte del primer ministro que más había contribuido a consolidar la democracia, Francisco Sá Carneiro, en un accidente de aviación cuando viajaba a Oporto para intervenir en la campaña electoral, marcó un antes y un después difícil de olvidar para la memoria colectiva nacional. Otro primer ministro, el socialista José Sócrates, empañó la imagen de la política nacional con una condena a prisión por fraude fiscal y blanqueo de capitales. Y en 2023, el también primer ministro socialista António Costa dimitió del cargo por una acusación de corrupción, que luego se demostró que no era correcta.

En el medio siglo transcurrido desde el 24 de abril de 1974, Portugal democrático vivió momentos de alegría nacional, como el reconocimiento a su cultura e idioma que supuso la concesión al escritor de origen modesto y brillantez deslumbrante José Saramago del premio nobel de literatura. El éxito de la Exposición Mundial sobre los Océanos celebrada en Lisboa en 1998 ofreció una imagen muy elocuente de lo que Portugal puede ofrecer al desarrollo internacional y a la convivencia entre los pueblos. Los triunfos deportivos, particularmente en fútbol y hockey, así como la victoria en el Festival de Eurovisión del cantante Salvador Sobral, han venido acompañando y estimulando la autoestima del pueblo luso, después del trauma acumulado durante la dictadura.

Es muy reconocido por la opinión pública que la situación en el país en los últimos cincuenta años ha experimentado una prosperidad que se refleja tanto en la recuperación de la economía en sus macrodatos, como en el nivel de vida que cincuenta años después disfrutan los ciudadanos. La oferta turística, en la que confluye el atractivo de sus playas, el interés de sus monumentos históricos, la oferta gastronómica siempre apreciada y la hospitalidad que encuentran los visitantes, lo ha convertido en un lugar para visitar, disfrutar y, como suele decirse, para quedarse. Portugal es un país de moda.

La revolución de los Claveles tuvo en los años setenta del siglo pasado su origen indirecto en un libro del general António de Spínola titulado *Portugal y el futuro*: la primera crítica que veía la luz del régimen anquilosado de Salazar y Caetano, la inviabilidad del mantenimiento de las guerras coloniales y la falta de una visión clara del porvenir de una nación pequeña, con recursos escasos y sin horizontes de futuro prometedores. Su publicación desató la polémica furibunda del salazarismo languideciente. Pero abrió el camino a una premonición equivocada: el futuro que se intuía era oscuro, pero el general que así contribuyó a cambiarlo se equivocó. Medio siglo después, Portugal, lejos de intentar afrontarlo con las armas, lo emprendió con claveles. Y está siendo un éxito.

Bibliografía

ALMEIDA, Dinis de, *Origens e evolugao do movimiento dos capitaes*, Ediçôes Sociais, Lisboa.

ATAIDE BANAZOL, Luis, *O origen do movimiento das Forjas Armadas*, Píelo Editora, Lisboa.

BARROSO, José Manuel, *Segredos de Abril*, Editorial Noticias, Lisboa.

CAETANO, Marcelo, *Testimonio*, Paraninfo, Madrid.

CRUZEIRO, María Manuel, *Costa Gómez, o último marechal*, Editorial Noticias, Lisboa.

LAMA, César de la, *Cravo rubro revoluçao*, Ediçôes Sedmay, Lisboa.

LEGUINECHE, Manuel, *Portugal: la revolución rota*, Ediciones Felmar, Madrid.

LÓPEZ RODÓ, Laureano, *Claves de la transición*, Plaza y Janés, Barcelona.

Luso SOARES, Fernando, *PIDE/DGS. Um Estado dentro do Estado*, Portugália Editora, Lisboa.

MEDINA, João (dir.), *Historia contemporánea de Portugal*, Amigos del Livro editores, Lisboa.

OLIVEIRA, César, *Os anos decisivos: Portugal, 1962-1985*, Editorial Presença, Lisboa.

PEREZAT CORREIA, Pedro, *Questionar abril*, Caminho/Nosso Mundo, Lisboa.

PRAQA, Alfonso, y otros (coords.), *25 de abril*, Casa Viva Editora, Lisboa.

RODRÍGUEZ, Avelino, BORGA, Cesário, y CARDOSO, Mario, *O movimiento dos capitaes e o 25 de abril*, Moraes editores, Lisboa.

SALGUEIRO MAIA, *Capitâo de abril*, Editorial Noticias, Lisboa.

SÁNCHEZ CERVELLÓ, Josep, *La revolución de los claveles en Portugal*, Arco Libros, Madrid.

__, *La revolución portuguesa y su influencia en la transición española*, Nerea, Madrid.

SÁNCHEZ OSÓRIO, *El engaño del 25 de abril en Portugal*, Sedmay Ediciones, Madrid.

SARAIVA DE CARVALHO, Otelo, *Alvorada em abril*, Livreria Bertrand, Lisboa.

SOUSA SANTOS, Buenaventura de, CRUZEIRO, María Manuela, y COIMBRA, María Natércia, *O pulsar da revoluçao*, Ediçôes Afrontamento, Coimbra.

SPÍNOLA, António de, *Portugal e o futuro*, Arcadia, Lisboa.

TALÓN, Vicente, *Portugal, ¿golpe o revolución?*, CVS Ediciones, Madrid.

TORRE, Hipólito de la, SÁNCHEZ CERVELLÓ, Josep, *Portugal y el siglo xx*, Itsmo, Madrid.

VASCO, Nuno, y CARDOSO, Oscar, *A bem da Naçao*, Publicaçôes Dom Quixote, Lisboa.